Monika Kröninger

Dein Super-Placebo

Auf zum Selbstfindungstrip!

1. Auflage November 2015

Gesamtherstellung: RiWei-Verlag GmbH
Umschlaggestaltung: Peter Walla
Lektorat: Carina Wissel
Satz: Patricia Knorr-Triebe

© RiWei-Verlag GmbH
Baierner Weg 4
93138 Hainsacker
Tel.   0941 / 799 45 70
Fax.   0941 / 799 45 72
E-Mail: info@riwei-verlag.de
Homepage: www.riwei-verlag.de
Forum: www.wuwei-shop.de/forum
TV-Sender: www.riwei.tv

ISBN   978-3-89758-392-4

Inhalt

Einleitung...5

Wer bin ICH?...9

Scheinbar getrennt...17

Mein Körper und ich...25

Das Problem mit dem Problem-Loswerden-Wollen.......39

Die Einstellung einfach ändern...............................45

Ein Engel auf Erden sein.......................................53

Das volle Programm der Glaubenssätze.................61

Über das Dunkel ist gut munkeln.........................73

Was ist „dunkel"?..74

Öl und Wasser..83

Manipulation...91

Energiefelder...103

Unsichtbares um uns herum..............................104

Kraftplätze..112

Die Welt verändern?...121

Homöopathie...131

Duell der Wirksamkeiten...................................131

Wann welches Globuli?.....................................139

Das chronische Remedium.................................144

Was macht das Globuli?....................................151

Wie oft, wie lang, wie hoch?............................155

Wirkt nicht, hilft nicht!.....................................160

Mein Super-Placebo...163

Kerzenmethode..166

Verreibung...171

Offene Fragen...178

Literaturverzeichnis..181

Einleitung

Es würde einem ja gut gehen, wenn es einem immer gut gehen würde. Aber immer ist irgendetwas. Und wenn gerade mal nichts ist, kann man darauf warten, dass gleich wieder etwas passiert. Es gibt durchaus Zeiten, da findet man sich ziemlich ok oder sogar gut. Es tun sich „Glücksmomente" auf. Ich habe für mich festgestellt, dass sie sehr oft durch einen Impuls von außen kamen und dann war auch für mich „innen" alles gut. Entweder wurde ich beispielsweise für etwas gelobt, hatte Erfolg oder war verliebt. Liefen die Dinge so, wie sie sollten, war ich mit mir und der Welt auch im Reinen. Ich hatte vor kurzem ein Erlebnis, das hat mich wieder voll aus der Bahn geworfen, obwohl ich dachte, dass ich „spirituell" doch schon „weiter" war.

Mein erstes Buch wurde sehr heftig kritisiert. Ich muss gleich vorausschicken: zurecht! Meine Wortwahl ist nicht immer sehr gepflegt. Es gibt da ein paar schlimme Wörter, die sind für mich einfach „normal", so wie man Besteck zum Essen nimmt. Einige sanfte Gemüter empfinden allerdings meine Ausdrucksweise genauso, wie Gäste eines Gourmet-Tempels einen Tischnachbarn, der mit den Händen isst und offenem Mund kaut, dabei laut schmatzt, rülpst und vielleicht noch Schlimmeres macht. Wer könnte die anderen Gäste nicht verstehen, wenn sie sich beim Geschäftsinhaber beschweren? Ich – also der Rüpel vom Nachbartisch – war allerdings gelinde gesagt über die Zurechtweisung sehr aufgebracht. Ich wollte das Lokal sofort verlassen – eher weniger still und leise. Da der Geschäftsführer ein sehr verständnisvoller, liebenswerter, feiner und vor allem mutiger Mensch ist, hat er mir erklärt, dass es reichen würde, beim nächsten Gang doch einfach mal das Werkzeug links und rechts vom Teller zu verwenden. Es ist nicht ganz so einfach, aus alten Verhaltensmustern auszubrechen. Kritik macht aus mir nicht nur eine beleidigte Leberwurst, sondern eine ganze explodierende Leberwurstfabrik. Ich reagiere über und nachher fühle ich mich echt „nicht gut" (Ich bin gerade stolz, kein schlimmes Wort benutzt zu haben...). Ich hadere anschließend mit mir selbst, weil ich mich einfach nicht „im Griff" hatte und nicht locker-leicht über den Dingen stehen konnte.

Die Dinge, die etwas aus und mit mir machen können, schaute ich mir genauer an. Ich habe einiges über mich erfahren. Erfahrung soll ja klug machen. Nun, richtig weise bin ich vielleicht noch nicht geworden. Aber ich habe ein wenig mehr verstanden. Verständnis ist ein erster Schritt zur Selbstakzeptanz oder der stets postulierten Selbstliebe. Wenn man sich selbst wirklich mag, egal wie man sich gerade fühlt oder was gerade wieder mal passiert ist, glaube ich, dass man ziemlich nahe an der „Erleuchtung" dran ist. Vom wahren „Angeknipst-Sein" bin ich noch ziemlich weit entfernt. Aber ich glaube, ein paar Wege gefunden zu haben, wie man zumindest den Schalter für das Lichtlein finden könnte.

Ich wandle schon seit längerer Zeit auf esoterischen Pfaden. Auf diesem Weg bin ich sehr vielen netten Menschen begegnet. Menschen, die so wie ich immer wieder vor denselben Hindernissen stehen, in dieselben Löcher fallen und scheinbar nicht „weiterkommen". Letztlich „tun" wir doch sehr viel dafür, oder? Viele meditieren, ernähren sich gesund, atmen und verrenken sich beim Yoga, arbeiten energetisch oder lassen sich energetisch „bearbeiten". Man bemüht sich redlich um Bewusstsein und Spiritualität. Ich dachte mir sehr oft, wann „es" denn endlich mal anders kommen oder laufen würde – und vor allem, wann ich endlich einmal anders – besser – drauf wäre. Bei mir hatte nichts so richtig funktioniert und ich habe so ziemlich alles, was der „Esomarkt" bereithält, ausprobiert. Dann stellte ich endlich die für mich richtige Frage: Warum funktioniert etwas nicht? Diese Frage brachte mich zu der nächsten wohl entscheidenden: Wie funktioniere ich eigentlich? Ich habe erkannt, dass ich mich in einem Kampf befand. Einem Kampf gegen mich selbst und gegen das Leben. Unter diesem begann auch mein Körper zu leiden. Ich entwickelte eine chronische Erkrankung. Da ich nicht gleich auf der ersten Seite buchstäblich mein Inneres nach außen kehren möchte, sage ich nur, mein Verdauungssystem war ziemlich gestört. Mithilfe der klassischen Homöopathie und meinem „Super-Placebo", den man sich selbst ganz leicht herstellen kann, funktioniert es nun wieder.

Ich habe den beiden daher am Ende des Buches zwei Kapitel gewidmet. Ich wollte diese Krankheit „loswerden". Darin bestand das eigentliche Problem – wie eigentlich bei fast allem im Leben. Man will etwas nicht haben oder sein. Man möchte sich selbst und/oder die Umwelt verändern – oder provokativ ausgedrückt: nach den eigenen Wünschen und Vorstellungen manipulieren. Damit meine ich auch, dass man glaubt, nur glücklich oder irgendetwas zu sein, wenn etwas wäre oder nicht so wäre, wie es gerade ist. Dieses „etwas" kann vieles sein: der Lebenspartner, der Beruf, die eigene Gesundheit oder die Welt. Man stellt Bedingungen: wenn, dann ... Ich kann nur aus meiner eigenen Erfahrung sprechen, dass das nicht funktioniert. Warum? Das möchte ich Ihnen gerne in meinem Buch vermitteln.

Ich habe für mich erkannt, dass ich mich bildlich gesprochen in einer Art „Programm" befand. Es schien, dass ich mich „unbewusst" in (negativen) Verhaltens- und Gedankenmustern bewegte und mich immer wieder darin verfangen habe. Es passiert mir auch ab und zu immer noch. Ich habe trotzdem mit mir zu kämpfen, wenn ich kritisiert werde oder etwas „falsch" mache. Aber „es" passiert immer weniger. Und falls doch, ist nur für kurze Zeit Land unter. Den Boden unter den Füßen finde ich schneller wieder. Auch ist selten ein Schaden wo nicht auch ein Nutzen: Die Kritiken an meinem ersten Buch brachten mir eine kleine Geschichte für diese Einleitung. Und ich übe schön brav mit Messer und Gabel zu essen …

Was man im Leben allerdings so vorgesetzt bekommt, ist manchmal schon etwas schwer verdauliche Kost. Ich bin dann schon versucht, meine neuen Tischmanieren wieder zu vergessen und mir das Küchenpersonal gründlich vorzunehmen. Ich möchte damit sagen, dass ich mir schon – wie vielleicht auch einige von Ihnen – die Frage stellte, ob jemand „anderer" vielleicht die Finger im Spiel haben könnte. Auf der Suche nach Antworten trifft man auf die unterschiedlichsten Aussagen. Es gibt viele Meinungen und Theorien, wer denn diese „anderen" sein könnten, wie „sie" uns möglicherweise beeinflussen und wie man sich dagegen wehrt oder schützt. Ich möchte in diesem Buch daher auch auf das Thema „negative Energien" eingehen.

Es ist ein Thema, das manchen Angst macht: die Dunkelheit, das Unbekannte. Ich habe versucht, etwas Licht in einige Dinge zu bringen. Denn solange man nicht erkennt wo und wie Angst hinter dem eigenen Denken und Handeln steht, ist man nicht bei sich selbst und kommt auch nicht dort an.

Ich glaube, dass dies das Ziel unsere Reise in diesem Leben ist: sich selbst zu finden und erkennen, wer man eigentlich ist.

Wer bin ICH?

Manchmal frage ich mich schon, wer oder was ich eigentlich bin – auch woher ich komme und wohin ich gehe. Ich war mal im Bauch meiner Mutter. Wie ich da rein gekommen bin, habe ich im Biologieunterricht gelernt. Dann kam ich auf die Welt und mein Leben begann sprichwörtlich „seinen Lauf". Da erfuhr ich, dass ich nur Staub wäre und zum Staub wieder zurückkehren würde. Letzteres habe ich verstanden, denn das heißt, am Ende komme ich entweder unter die Erde oder ins Krematorium. Zwischen den beiden Möglichkeiten schwanke ich noch so ein bisschen hin und her. Aber da es im Bereich des Möglichen liegt, dass mir der Himmel eines Tages auf den Kopf fällt, sollte ich mir wohl diesbezüglich nicht allzu viel Gedanken machen …

Als Kind hatte ich so meine Zweifel, ob meine Mutter tatsächlich meine Mutter wäre. Äußerlich sahen wir uns schon mal gar nicht ähnlich und sie sah viele Dinge so ganz anders als ich. Wir hatten unter anderem unterschiedliche Auffassungen, wann und wie oft pro Tag Eis essen oder fernsehen gut sei sowie über den Sinn der Schule. Heute sind wir uns ernährungstechnisch meist einig. Das Thema Fernsehen beschränkt sich auf Diskussionen über den Informations- und Wahrheitsgehalt von Nachrichten. Auseinandersetzung hinsichtlich des Bildungssystems gibt es nicht mehr. Äußerlich sind wir immer noch grundverschieden. Auch meine Mutter hat ihrer Mutter rein physisch nicht gleichgesehen und sie waren charakterlich eigentlich ziemlich verschieden. Mir fällt allerdings auf, dass meine Mutter nun mit fortgeschrittenem Alter meiner Oma psychisch immer ähnlicher wird. Sie sagt Sätze, die hätten auch von der Oma stammen können. Auch an mir erkenne ich neuerdings einige Wesenszüge meiner Mutter. Seltsamerweise wird mein linker Fuß immer mehr wie der Ihrige mit allen seinen Weh-wehchen. Früher hieß es immer, ich wäre wie mein Vater. Ob das gut oder schlecht gemeint war, weiß ich nicht. Ich habe buchstäblich keine Ahnung! In diesem Ausdruck steckt übrigens sehr viel, es könnte auch bedeuten, dass die Verbindung zu unseren Ahnen fehlt. Aber wenn wir uns mit der Frage stellen, wer wir sind bzw. woher wir kommen, dann liegt es nahe, einmal an diesem Punkt anzusetzen und auf unsere Ahnen zurückzublicken. Wer sie waren. Mittlerweile gibt es ja sogar DNA Analysen für jedermann, die Auf-schluss darüber geben, wie sich das eigene kulturelle Erbe zusam-mensetzt. Innerlich unterziehen wir solche Informationen häufig so-fort einer Wertung: gut – schlecht.

Einige Familien sind ja sehr stolz auf eine lange Ahnenreihe und auf das Blut, das in ihnen fließt. Bis heute gibt es noch vielen von ihnen das Recht, über anderen – dem gemeinen Volk – zustehen. Aber auch selbst „weiter unten" ist es noch wichtig, aus welchem Hause jemand stammt und ob er oder sie auch „ auf Augenhöhe" ist. Diese Sichtweise ist doch überholt? Heute zählt nur das Geld oder was jemand erreicht hat? Genau der Status. Hut ab vor jemanden, der es von ganz unten nach ganz oben geschafft hat! Hören Sie das „trotz-dem" heraus? Trotz alledem erfolgreich? Selbst bei unseren Tieren sind einige Züchter stolz auf eine langen, „guten" Stammbaum. Wenn ich mir allerdings so einige unserer Vierbeiner anschaue, ver-liere ich mich in Definitionen von „schön" und „Rassezielen".

Einen Stammbaum bis ganz zu Anfang zurück zu führen, ist noch keinem gelungen. Die letzte Wurzel oder den Ursprung nennen wir Gott. Selbst wenn einige mit der Globalaussage „Urknall" glauben, damit einen strengen Atheismus rechtfertigen zu können, stellt sich auch für jene die Frage, woher dieser „Knall" denn seinen Ursprung hatte. Eine gültige Antwort darauf gibt es nicht. Der Mensch hat ei-gentlich keine (genaue) Ahnung, woher er kommt und wer oder was er eigentlich ist. Ich denke, das kann schon zu einer gewissen Orientierungslosigkeit führen und damit Tür und Tor für Dogmen oder Ideologien offen lassen.

Vermeintliche Sicherheit kann man versuchen, darin zu finden, sich nur noch streng an das zu klammern, was wir als „Wissenschaft" oder „wissenschaftliche Erkenntnis" bezeichnen. Da spielt es für die meisten Menschen keine Rolle, dass sie gar nicht wissen, was Wissenschaft ist und wie „wissenschaftlich fundiertes Wissen" generiert wird. Die moderne Wissenschaft versucht dem Leben auf die Spur zu kommen. Mittlerweile weiß man, dass alles zu 99,99 Prozent hohl ist. Ein Atom besteht zu 99,99 Prozent aus „leerem" Raum. Wenn Materie aus Atomen besteht, dann ist auch nur 0,1 Prozent „reale" Materie. Ich finde diese Erkenntnis super! Mein Bauch ist also fast nichts. Auch mein Hinterteil besteht größtenteils nur aus Zwischenraum. Natürlich bedeutet dies auch, dass mein Hirn nicht so groß ist, wie ich dachte. Und auch der Rest von meinem Hirn soll kein Hirn, sondern nur etwas sein, was man als „Energie-Welle" bezeichnen könnte. Den Erkenntnissen der Quantenphysik zufolge besitzt auch Materie Wellencharakter und Strahlung hat sowohl Materie- als auch Welleneigenschaften[1].

Und es kommt noch besser: Quantenmechanischen Experimenten zufolge soll Materie nicht ohne Beobachtung existieren, was so viel bedeutet wie: „ohne Geist gibt es Materie nicht"! Aus dieser Erkenntnis folgt, dass mein Hirn mit Bewusstsein gar nichts zu tun hat. Auch den biologischen Erkenntnissen zufolge – allen voran von Bruce Lipton – bin „Ich" gar nicht da drin – in meinem Körper. Ich existiere sowohl als Körper als auch als Geist außerhalb[2].

---

[1] www.wikipedia.org/wiki/Strahlung.10.06.2015

[2]   niu0ßwww.sein.de/geist/weisheit/2010/die-weisheit-der-zellen--interview-mit-bruce-lipton.html.10.06.2015

Wie man sieht eine auf den ersten Blick unbegreifliche Masse an Physik, Biologie und allem, was dazwischen existiert. Beginnt man sich näher mit diesen Themen zu beschäftigen, hat man schnell das Gefühl den Verstand zu verlieren. Ich bin jetzt echt froh, dass laut anderen Erkenntnissen der Physik Energie nicht verloren geht[3], sonst müsste ich mir um das Restfitzelchen von meinem Oberstübchen ernsthafte Sorgen machen…

Bei der Beantwortung der Frage, wer dann dieses Außerhalb-Ich denn sei, wird es etwas „spiritueller". Angeblich soll dieses externe „Ich" auch mit dem Verständnis der Quantenphysik zu erklären sein – es wäre eine Art Energiefeld. Ich habe wirklich versucht auf der Suche nach „mir selbst" in die Geheimnisse der Quantenphysik vorzudringen. Wenn ich dort versteckt bin, finde ich mich sicher nie. Ich war dann echt heilfroh, gelesen zu haben, dass jemand glaubt, mit Sicherheit behaupten zu können, dass niemand die Quantenmechanik versteht[4]. Ist Ihnen schon einmal aufgefallen, dass die Quantenphysik für so jede noch so skurrile Heilmethode herhalten muss? Das besagte Nichtverstehen könnte wohl der Grund dafür zu sein …

Und so bleibt auch mir nichts anderes übrig, als nachzuplappern, dass alles Information und Energie ist und es dementsprechend keine Trennung zwischen der geistigen und materiellen Welt gibt und dass damit auch Sie und ich nicht wirklich getrennt sind. Wir korrespondieren über Energie oder Wellen, weil wir letztlich nichts anderes sind. Ich spreche ja mit mir „SELBST" und da hörte ich mal, dass die geistige Welt alles sei, was mich bewegt[5]. Das würde be-

---

[3]www.wikipedia.org/wiki/Energieerhaltungssatz.10.06.2015
[4]www.armin-risi.ch/Artikel/Wissenschaft/Mysterioese_Materie-Die_Entdeckung_der_Quantenphysik.html. 10.06.2015
[5]Kröninger, Monika: Anleitung zum Selbst Channeling – Alle Antworten sind in Dir; RiWei-Verlag GmbH, 2013, S. 56

deuten, dass ein „Ich-heb-den Arm" von „außen", also außerhalb des Körpers, dirigiert würde. Bei dieser Betrachtungsweise könnte durchaus das Gefühl hochkommen, neben sich zu stehen ... Das Problem, zu verstehen, wer oder was man eigentlich ist, liegt auch in unserer dualen Denkweise: es braucht etwas oder jemanden, der man selbst nicht ist: ein „Du". Wir erkennen und wissen zum Beispiel, was hell ist, weil wir wissen, was nicht hell – dunkel – ist.

Haben Sie schon mal auf einen schwarzen Fleck oder auf einen roten Kreis gestarrt? Wenn Sie dann den Blick auf eine weiße Wand richten, „spiegelt" sich der schwarze als weißer Fleck und der rote Kreis als türkisfarbig (cyan). Es zeigt sich die Komplementärfarbe – die Farbe mit dem größten Kontrast. Auch die Form wird nachgebildet. Dieser Effekt hängt mit der Verarbeitung visueller Reize im Gehirn zusammen[6]. Übrigens das Aurasehen läuft so ähnlich ab. Wir sehen einen Körper durch Lichtreflexion. Daher der Ausdruck in der Nacht sind alle Schatten grau. Fixiert man jemanden also eine gewisse Zeit lang, so sieht man einen hellen „Kranz". Dieser helle Kranz wird dann wieder reflektiert und so weiter. Irgendwie scheint buchstäblich alles ein Gegenstück zu haben – die Kehrseite der Medaille. Es scheint fast so zu sein, dass wir alles über das (scheinbare) Gegenteil begreifen. Dass etwas gleichzeitig schwarz und weiß sein kann, erscheint „unbegreiflich".

Soweit ich die Erkenntnisse der Quantenphysik begriffen habe, hat Materie sowohl Welleneigenschaften wie auch Teilchenqualität. Das Licht ist, je nachdem wie physikalische Experimente ausgerichtet sind, entweder Materie oder Welle. Das heißt, zielt die Forschung darauf ab, nachzuweisen, das Licht (auch) Teilchenqualität besitzt, zeigt sich das Licht als Materie. Versucht man dagegen nachzuweisen, das Licht eine Welle ist, dann ist das Ergebnis des Experiments,

---

[6] Vgl. http://de.wikipedia.org/wiki/Nachbild.10.06.2015

das Licht Strahlung ist. Die Schlussfolgerung daraus ist, dass der Beobachter (in diesem Fall der experimentierende Physiker) das Ergebnis beeinflusst. Die Frage, ob Licht nun Materie oder Welle ist, lässt sich also nicht bedingungslos beantworten. Es hängt davon ab, was man „sehen" möchte. Sicherlich fragen Sie sich jetzt, was das Ganze mit dem Thema dieses Kapitels: „Wer bin ich?" zu tun hat.

Überträgt man die Erkenntnisse der Quantenphysik auf das eigene Sein, dann wäre man sowohl Energie (Strahlung) als auch Materie, allerdings abhängig davon, was man betrachten möchte. Man ist sowohl das eine als auch das andere. Das hört sich zunächst ganz einfach an, aber es stellt sich dann aber sofort die Frage, wer der Betrachter dieser „Untersuchung" ist. Wer entscheidet sozusagen darüber, ob man sich selbst als „reinen Geist" (Energie) sieht oder als Materie und es dann auch ist? Bei einem physikalischen Experiment über die Eigenschaften des Lichts steht hinter der Untersuchung der Physiker. Wer entscheidet aber wie die Versuchsreihe über sich selbst und das eigene Leben ausgeht? Sicher denken Sie jetzt, man selbst – ICH. ICH entscheide selbst, ob ICH in meinem Leben Licht, Strahlung, Energie bin oder Materie. ICH richte das Experiment „Leben" dementsprechend aus. Ich weiß nicht, wie es Ihnen geht, aber für scheint es auf den ersten Blick so, als würde sich da die Katze in den Schwanz beißen: konsequenterweise müsste man sich dann ja wieder fragen, wer dieses kontrollierende „ICH" ist, das bestimmt, was dann das „ICH" sein soll. Es wäre irgendwie so, also ob der Geist den Geist „kontrolliert", der er aber ja gerade eigentlich ist. Sind Sie noch da? Ich bin letztlich da, wo ich zwischendurch schon mal war: dem Problem des dualen Verständnisses oder unserer dualen Welt.

Man erreicht sehr schnell die eigenen Grenzen, wenn man versucht, zu begreifen wer oder was man ist. Selbst wenn man sich als reine Energie oder Geist sehen möchte, braucht es dazu eben gerade wieder eine Energie oder einen Geist, die wie der Physiker das Experiment beobachten und somit das Ergebnis „beeinflussen". Aus diesem (Un-)verständnis heraus, brauchen wir eine letzte Instanz: Gott – den all entscheidenden Geist. Und da beginnt das nächste Problem: unser duales Denken und auch Fühlen bewirkt, dass wir uns von „ihm" als getrennt sehen und empfinden. Möchte man sich selbst zu finden oder erkennen, wer man ist, muss man diese Denkweise hinter sich lassen. Man muss versuchen, sich nicht losgelöst von allem und jeden sehen. Das heißt man muss sich nicht nur als kleines Teilchen des großen Ganzen, sondern als das große Ganze sehen.

Falls Sie sich jetzt denken: „Die ist ja komplett übergeschnappt! Das ist doch genau das Problem der Welt, dass manche sich für Götter halten!", dann geben Sie mir bitte die Gelegenheit, Ihnen im nächsten Kapitel zu erklären, wie ich das meine, mit dem großen Ganzen und dem eigenen Sein. Was die letzte Wahrheit ist, weiß ich natürlich auch nicht. Aber mit diesem Konzept lebe ich mich leichter und es hilft mir, andere mit anderen Augen zu sehen.

Scheinbar getrennt

Sicher haben Sie schon mal den Spruch gehört, dass nichts so ist, wie es scheint. Wenn man aus einem Traum aufwacht, weiß man, dass es nur ein Traum war und nicht „real" – die Wirklichkeit. Während des Traumes erscheint uns aber das Geträumte wirklich. Mit der Realität ist es nicht so einfach. Der Standes eines Bankkontos zeigt vielleicht die Problematik. Das Geld ist da und gleichzeitig nicht da (ok, meistens ist es so, dass es nicht da ist oder kurz da war und dann gleich wieder verschwunden ist). Aber nehmen wir mal an, der Kontostand wäre mehr auf der Habenseite. Wenn alle Menschen auf der Welt beschließen sollten zur gleichen Zeit, ihr Geld auf dem Konto abzuheben, dann würden heftige Diskussionen darüber entstehen, was wirklich und was unwirklich ist – und vor allem über „deins" und „meins".

Sie erinnern sich vielleicht an das Beispiel mit den Komplementärfarben. Wenn sich um einen schwarzen Fleck ein heller Kreis bildet, ist der Fleck nun schwarz oder weiß? Oder ist er sowohl als auch? Wir empfinden uns als Individuum. Wir haben einen Körper, der uns von allem abgrenzt. Wie soll man sich vorstellen, dass man gleichzeitig mit allem verbunden ist? Ohne dass äußere Grenzen sichtbar sind? Ohne dass eine Unterscheidung zwischen „Ich" und „Du" möglich ist? Wir trennen dazu wieder zwischen Materie und Geist. Man sagt, wir wären „geistig" alle verbunden. Wie soll man sich das aber nun wieder vorstellen?

Selbst in einem Stein herrscht reges Treiben. Es schwirren Elektronen und Photonen. Auch die Luft, die wir atmen ist nicht „leer". In allem steckt „Energie". Die Frage, wer diese Energie gemacht hat oder woher sie kommt, können wir nicht beantworten und sagen „Gott". Ein göttlicher Geist oder Bewusstsein hat irgendwie alles erschaffen. Wo ist aber Gott? Wo lebt ER? Befindet ER sich außerhalb seiner Schöpfung? Ist „hier" die Welt und „irgendwo" der Geist Gottes? Mir gefällt die Vorstellung der hermetischen Lehre, dass Gott alles ist und daher außerhalb von Gott nichts existiert. Das heißt, Gott ist der Schöpfer und gleichzeitig die Schöpfung selbst. Wir befinden uns also nicht außerhalb von Gott, sondern „mitten in IHM drin" und ER ist „mitten in uns" drin. Wo Gott aufhört oder anfängt, ist daher nicht möglich, zu unterscheiden. Dies gilt sowohl räumlich als auch zeitlich. Gott ist auch die Zeit. ER unterliegt ihr daher nicht. Er ist „ewig": Die Trennung zwischen IHM und uns und allem ist nur scheinbar. Wir – Sie und ich und alles um uns herum – schwimmen in der „göttliche Suppe" und sind sie auch. Wahrscheinlich haben Sie sich auch schon mal gefragt, wozu das alles? Wozu all das Leid und die Schmerzen auf dieser Welt?

Stellen Sie sich mal vor, Sie wären dieser allumfassende Geist, die Quelle oder Gott (was Sie ja auch „theoretisch" sind). Woher wollen Sie wissen, was und wer Sie eigentlich sind? (Nehmen Sie mal für einen kurzen Augenblick an, Gott hat sich diese Frage, wie mancher von uns auch schon mal gestellt.) Da ja nichts außerhalb von Ihnen existiert – also ein „Du", ein Gegenstück – bleibt Ihnen nichts anderes übrig, als sich im Spiegel selbst zu betrachten. Was sehen Sie? Alles? Nichts? Ich denke, Sie werden nichts erkennen, weil Sie eben alles sind. Oder bildlich gesprochen, da Sie das Licht sind, ist alles einfach hell und Sie können nichts erkennen. Es ist, als ob man versucht in die Sonne zu blicken. Ich stelle mir dann vor, dass Sie als Quelle versuchen, den Spiegel etwas anders halten, sodass Sie nur einen Teil von sich sehen und der andere „im Schatten" liegt. Das ist so meine Vorstellung von der Erschaffung der „Dunkelheit" und von uns als von Gott getrennte „Wesen". Durch die scheinbare Trennung erkennt sich Gott und auch wir erkennen uns. Überträgt man dieses „Spieglein-an-der-Wand-Spiel" auf uns und unser Leben, heißt das, je nachdem wie wir uns selbst den Spiegel vor die Nase halten, sehen wir nur einen Teil oder uns „ganz". Welchen Teil man sehen will, entscheidet man selbst. Das ist für mich der „freie Wille". Da wir aber nur scheinbar getrennt sind, sehen wir in dem Spiegel uns und auch alle anderen, die ganze Welt und vor allem Gott. Ich betrachte mich also nicht losgelöst, sondern sehe mich in Gott und ER sieht sich wiederum in mir. Alles, was die Welt betrifft, betrifft auch mich.

Man könnte jetzt auf die Idee kommen, die Augen zu verschließen oder nur das sehen zu wollen, was einem gefällt. Aber was passiert dann? Der Spiegel zeigt uns trotzdem ein Bild: auch den Teil von uns, der etwas nicht sehen will. Diesen Teil könnte man auch als unsere „dunkle Seite" oder Schatten bezeichnen. Es sind all die Dinge, die wir nicht haben oder sein wollen. Aber auch dieser Teil ist in Wahrheit „hell" – wir sehen in nur als „dunkel", weil wir den Spiegel entsprechend halten. Wenn wir tatsächlich nur reiner Geist, Energie oder Information sind, nehmen wir dieses Bild auch „mit geschlossenen Augen" (unbewusst) auf. Empfänger für dieses in unseren Augen unvollständige Bild ist nicht nur unser scheinbar getrenntes Bewusstsein, sondern auch der Körper – die Materie. Wir haben unangenehme Gefühle wie Angst, Wut, werden krank und haben Schmerzen. Wieder alles Dinge, die wir verständlicherweise nicht haben wollen.

Ich kann nur aus meiner Erfahrung sprechen. Aber ohne meinen „Schatten" hätte ich vieles nicht „begriffen". Ich hatte eine Zeit lang sehr viel Angst, dann Angst vor der Angst und zwischendurch Gefühle, die nicht einmal mehr mit Angst etwas zu tun hatten. Die Angst hat mich aber dazu gebracht, mit dem Selbst Channeling anzufangen und ein Buch zu schreiben. Ich wollte diese Angst loswerden. Während der Channelings habe ich erfahren, dass dies nicht ginge, weil sie eben auch ein Teil von mir ist. Ich wäre (auch) alles, was ist. Wenn ich einen Teil leugne, dann klopft er immer mehr und immer wieder an die Tür. Mein Selbst zeigte mir dann, wie ich den Spiegel anders halten kann, um ein klein wenig mehr hinter die Dinge zu blicken. In den nächsten Kapiteln hoffe ich, es Ihnen zeigen zu können.

Teilt man die Sichtweise, dass es keine Trennung zwischen Gott und dem Universum gibt, dann betrachtet und erschafft ER sich sozusagen selbst durch uns und allem, was es so gibt. Unsere Freude wäre seine und unsere Schmerzen hält ER ebenfalls aus. Wenn ich mich so auf der Welt umschaue, bin ich geneigt, mir und somit auch ihm eine Kopfnuss zu geben. Ich hatte es schon öfter mal mit dem „lieben" Gott, dass wir armen „Lichtfünkchen" das alles aushalten müssen, weil da jemand auf dem Selbstfindungstrip ist. Wenn Sie sich nach dem Sinn des Lebens oder nach dem göttlichen Selbstfindungstrip fragen, dann halten Sie mal den Spiegel in eine andere Richtung: ein Mensch, der blind geboren wird, wünscht sich wahrscheinlich sehen zu können. Er kann sich Farben nicht einmal vorstellen. Wäre Gott nicht auf die Idee einer Schöpfung gekommen, wäre den meisten von uns sehr viel entgangen ...

Ich gebe zu, dass der Glaube, nicht getrennt von der Quelle zu sein, auf den ersten Blick „nichts bringt". Davon wird man nicht satt und Zahnschmerzen gehen deswegen auch nicht vorbei. Aber man begegnet sich selbst und der Welt vielleicht etwas anders. Wenn mir jemand mal wieder gehörig auf den Senkel geht, gelingt es mir immer öfter tief durchzuatmen und zu denken, dass „ich" der-auf-den-Senkelgeher bin. Ich werde immer noch wütend und explodiere. Ich verstehe auch, warum es mir nicht immer gut gehen kann. Solange andere Menschen, Tiere oder die Natur leiden, leide ich mit. Wenn ich über jemanden herziehe, schimpfe ich letztlich über mich. Man empfindet sich als getrennt von allem, damit man begreift, was Verbunden-Sein bedeutet. Um diese Verbundenheit zu erkennen, muss man sich als Individuum erfahren. Damit man erkennt, (auch) reiner Geist zu sein, hat man den Körper. Schon etwas eigenartig. Aber ich habe mir das Ganze – Gott sei Dank – nicht ausgedacht.

Was man als „ich" empfindet, existiert letztlich nur scheinbar. Oft wird es auch „Ego" genannt. Lateinisch hört sich wahrscheinlich besser an. Dieses Ego wird oft nicht sehr hoch geschätzt. Ihm wird so allerhand in die Schuhe geschoben. Es soll für so ziemlich alle Missstände im Leben eines jeden einzelnen verantwortlich sein. Und mache anderen Egomanen machen einem sogar zusätzlich das Leben schwer. Das Ego soll subjektbezogen – ich bezogen – sein und unseren Verstand und unsere Gefühlswelt dominieren. Auch scheint es nicht sonderlich auf Zack zu sein, denn es gilt als leicht beeinflussbar. Auch jammert und nörgelt es ziemlich oft vor sich hin. Haben Sie sich schon mal gefragt, was man da eigentlich nicht mag, wenn man sein Ego ablehnt? Auf meine esoterischen Wanderwegen wollte ich dieses Ego auch gerne hinter mir lassen und nur noch „spirituell" durch die Gegend schweben. Es wollte immer etwas, was es eigentlich nicht wollen sollte, wenn man sich rein „geistig" ausrichtet: Applaus (Bestätigung im Außen), ein schönes Haus, nicht arbeiten, immer recht haben, um nur einige Dinge aufzulisten. Es führte eigentlich dazu, dass ich eigentlich in mir selbst „gespalten" gefühlt habe: mein Ego und ich. Wenn man versucht, sich vorzustellen, dass dieses Ego gerade dazu da ist, das mit der göttlichen Quelle verbundene „ich" zu erkennen, dass auch dieses Ego nicht „getrennt" existieren kann, mag man es lieber und es „stört" einem nicht mehr oder immer weniger – in jeder Hinsicht: Mein Ego quakt mir nicht mehr ganz so viel wie früher dazwischen und wenn es das tut, dann versuche ich, es einfach sein zu lassen. Ich mag die Doppelsinnigkeit dieser Formulierung. Es bedeutet, etwas sein zu lassen, wie es einfach ist und gleichzeitig ihm keinen Widerstand entgegen zu bringen.

Lassen Sie mich zum Verständnis ein kleines Beispiel bringen:

Mein Egolein, sagt mir sehr oft und eindringlich, was alles noch zu erledigen ist: der Rasen ist noch nicht gemäht, im Haus nicht aufgeräumt und geputzt, der Papierkram muss endlich gemacht werden etc. Sie sehen, alles Kleinkram, der es aber manchmal schafft, mich unter Druck zu setzen und gestresst zu fühlen. Wenn es in mir da so loszetert, frage ich mich, ob das jetzt überlebenswichtig ist. Die Dinge, die ich noch zu machen hätte, werden dann sehr klein. Mein Ego lehrt mich (indirekt), was wichtig ist: das Leben. Das Leben ist eine sehr heilige Sache!

In unseren Glaubensvorstellungen richten wir das Leben allerdings auf ein Jenseits aus: dort ist oder wird alles gut. Das Leben hier auf dieser Welt vergänglich. Das stimmt. Wir müssen sterben. In manchen Religionen spricht man von Wiedergeburt. Man kommt wieder zur Welt, bis man „soweit" ist, eben nicht mehr inkarnieren – hier leben – zu müssen. Man betrachtet wieder alles dual: die geistige und die materielle Welt, dem Leben hier auf der Welt und „drüben". Da der Körper hier auf der Erde bleibt, kann nur etwas Geistiges weiterleben. Wir sprechen daher von einer unsterblichen Seele. Das heißt, man trennt wieder zwischen sich und etwas „anderem", das man auch ist oder hat. Ich möchte gerne „eins" mit mir und der Welt sein. Wenn ich mir so anschaue, was ich dazu alles „vereinen" müsste – mein Ego, meine Seele, meinen Geist und den Rest Welt, diesseits und jenseits – dann ist das gar nicht so einfach und ich mag es nicht kompliziert.

Das Konzept einer nur scheinbaren Trennung von allem hilft mir: alles ist Energie, Geist oder Bewusstsein in Gott, ohne räumliche oder zeitliche Begrenzung. Das universelle göttliche Bewusstsein durchdringt alles in „uns" – bis in die letzte Zelle. Daher ist alles, was ist und vor allem das Leben heilig. In den Körperzellen ist „derselbe" göttliche Geist, wie in unserem Oberstübchen oder in einem Stein oder Grashalm. Der göttliche Geist beinhaltet alles, was ist. Man muss also eigentlich gar nicht etwas „werden", sondern einfach „sein". Alles beinhaltet alle „Information".

Ich glaube, wenn man stirbt, erkennt man wieder das eigentliche Eins-Sein mit der Quelle. Das „Scheinbare" löst sich auf. Ich glaube auch, dass unser Körper letztlich nicht „tot" ist. Wenn er vergraben wird, wird er zu Erde. Auch deren Bestandteile, die verschiedenen chemischen Verbindungen „leben". Auch Asche ist nicht nur Asche, sondern Träger von „Bewusstsein". Darin ist auch „mein" Geist enthalten – genauso wie der Ihrige.

So betrachtet ist die geistige Welt nicht irgendwo, sondern genau hier. Auch die Zeit, die uns hier geschenkt wird, ist kostbar. Durch den Zeitbegriff verstehen wir, was Entwicklung oder Dynamik bedeuten.

Wir sehen und fühlen es jeden Tag an uns – vor allem an unserem Körper. Wir erleben es. Dieses Er-Leben hilft uns das scheinbare Gegenteil zu verstehen: den Seins-Zustand. Eigentlich „sind" wir nur. Da wir hier aber eben auch Körper „sind", möchte ich Ihnen zeigen, was er uns so alles zeigt.

Mein Körper und ich

Hatten Sie auch schon mal das Gefühl, als ob Ihr Körper ein Eigenleben führen würde? Er gehorcht nicht immer. Hatten Sie auch sogar bisweilen den Eindruck, als würde er regelrecht gegen Sie arbeiten und Sie im Stich lassen? Sehr oft mag man den Körper gar nicht. Er macht es einem auch nicht leicht, wenn er immer mehr vor sich hinrunzelt und man ihn immer mehr zu spüren bekommt … Ist das seine Art, auf sich aufmerksam zu machen? Körperbewusstsein stelle ich mir eigentlich anders vor! Nur wie?

Der Körper besteht zu 99,99 % aus nichts und der Rest kann auch wieder zu reiner Energie argumentiert werden. Die Körperzellen sind elektrisch – 1,4 Volt – und geben auch Licht ab. Also ist in uns eine Ansammlung von Strahlen. Aus dem Chemieunterricht sollte man wissen, dass sogar jedes Element eine eigene Schwingungsfrequenz hat, die sich farblich darstellen lässt. Ich gestehe, dass Chemie in der Schule nicht zu meinen Lieblingsfächern gehört hat. Auf die Frequenz dieses Faches konnte ich mich einfach nicht einschwingen. Auch Physik war bei mir rein schwingungstechnisch nicht sehr hoch … Biologie fand ich gegen Ende meiner Schullaufbahn auch fad. Jetzt könnte ich das ganze Wissen brauchen – oder besser die neuronalen Netze in meinem Hirn. Die braucht es nämlich damit man in eine gewisse Richtung denken oder handeln kann. Sie verändern sich und können sich sogar neu vernetzen. Sie sind verantwortlich dafür, dass man Radfahren nicht verlernt. Spinne ich deswegen manchmal, weil sich da oben manchmal was verheddert? Auf alle Fälle ist es nun so, dass die Spinnerei der Esoteriker, von wegen alles schwingt, mittlerweile immer mehr wissenschaftlich untermauert wird. Für mich und meinen Körper bedeutet dies nun, dass er mit mir und ich mit ihm über Strahlen oder Schwingungen kommuniziere. So stehe ich auch mit allem um mich herum in Verbindung. Sogar ein Stein strahlt eine bestimmte „Energie" aus, die mir gefallen oder meine eigene unterstützten kann.

Wenn Sie einen Fuß vor den anderen setzen, hat Ihr Gehirn einen Impuls – einen Willen oder eine Absicht – bekommen. Dieser Impuls geht dann weiter über Nervenbahnen in die Muskeln. Es werden dabei einige Chemikalien ausgeschüttet, damit Sie gehen können. Als Kind mussten Sie das Gehen lernen. Später geht das Gehen wie von selbst. Man denkt nicht mehr darüber nach. (Warum man manchmal hinfällt, möchte ich Ihnen später erklären). Ihr Körper hat gelernt, die Absicht zu gehen, umzusetzen. Es ist wie ein Programm in einem Computer. Bestimmte Dinge werden aber auch „angeboren". Man muss lernen, mit Messer und Gabel zu essen, aber das Verdauen geschieht von „selbst". Aber auch hier ist es nicht so einfach, wie es aussieht. So muss sich auch unser Körper an bestimmte Nahrungsmittel gewöhnen. Einem Säugling wird man keine Schweinshaxe vorsetzen. Mit Muttermilch gibt es aber keine Probleme (bis auf wenige Ausnahmen von Säuglingen, die eine allergische Reaktion zeigen). Woher weiß aber der Säugling, was er machen muss? Und warum hat er ausgerechnet die riesen Nase von Opa „geerbt" und nicht das Näschen von der Oma?

Wenn wir Menschen das Licht der Welt erblicken, dann sind wir auf den ersten Blick im wahrsten Sinne des Wortes nackt. Aber eben nur auf den ersten Blick. Denn auch wenn wir keine Kleidung am Körper tragen, so ist in uns bereits zu viel an Information und Erfahrung, als dass man uns als „nackt" bezeichnen könnte. Lassen Sie uns das etwas näher betrachten. Ich habe Ihnen im letzten Kapitel erzählt, wie ich mir jeden einzelnen von uns so vorstelle. Um sich selbst zu erkennen, hält sich „Gott" einen Spiegel vor und dadurch jeder von uns. Je nachdem wie man ihn hält, sieht man sich nicht nur selbst

„teilweise", sondern auch nur einen „Teil" des universellen Bewusstseins. Dieses universelle Bewusstsein ist alles und kann daher auch alles. Alle „meine" Erfahrung – „meine" Selbstfindungstrips – und die meiner Ahnen sind in diesem universellen Bewusstsein enthalten, wie in einem unendlichen Gedächtnis. In „mir" sind nicht nur die Gene meiner Vorfahren, sondern auch ihr Geist, die gesamte Information, die Essenz. Da wir nur scheinbar von der Quelle getrennt sind, ist in uns daher nicht nur alles vorhanden, was war, sondern auch was ist oder sein wird. Denn selbst die Zeit ist eigentlich nur Illusion. Der Körper ist daher für mich so etwas wie ein Speicher. Alles, was man so im Leben durchmacht, zeigt sich auch in oder an ihm. Das Leben hinterlässt sozusagen seine Spuren …

Die Absicht des göttlichen Geistes, sich zu erschaffen oder zu erkennen, bewirkt nach meiner Glaubensvorstellung die scheinbare Trennung. Man sieht (auf den ersten Blick) nur einen Teil – der andere liegt verborgen oder im „Schatten". Hinter einer Inkarnation steht eine Absicht, das wahre Sein zu erkennen. Man entscheidet sich, wie man den Spiegel halten will. Über das, was im Schatten liegt, erkennen wir unsere eigentliche Vollkommenheit. Dafür wählt man einen Körper mit entsprechend „passenden" Macken oder auch die Eltern. Man entscheidet sich sozusagen für Opas große Nase. Natürlich kann man sich dann schon fragen, wie man denn so dumm gewesen sein kann, sich von allen möglichen Riechern, gerade Opas Zinken auszusuchen.

Also mal ehrlich, ich als lieber Gott, wäre schon ganz schön stolz, so etwas wie eine Nase überhaupt hinbekommen zu haben. Sie atmet, wenn der Mund wie sehr oft, mit anderen Dingen beschäftigt ist, sie kann etwas oder jemanden riechen oder eben nicht und man kann sie in Dinge hineinstecken, die einem nichts angehen. Eine Nase besteht aus unzähligen Zellen. Jede Zelle lebt. In jeder Zelle steckt „göttliches Bewusstsein". Man kommuniziert mit den Zellen. Wie fühlen Sie sich, wenn Sie beschimpft und abgelehnt werden? Sicher nicht gut ... Würden Sie für jemanden, der über Sie herzieht, noch alles in ihrer Macht stehende machen, Tag und Nacht arbeiten? Könnten Sie es vergessen?

Ihr Körper mit samt seinen „Mini-Organismen" merkt sich allerdings noch mehr:

Unser Körper „weiß", wie er auf das Gefühl von Angst reagieren muss. Am Anfang steht eine Sinneswahrnehmung. Man hört oder sieht etwas. Diese Wahrnehmung wird an das Gehirn weitergeleitet und aufgrund von Erfahrungen interpretiert. Diese Erfahrungen müssen nicht zwangsläufig Ihre „eigenen" sein. Über Generationen hinweg hat es sich wahrscheinlich als richtig erwiesen, vor großen mit den Zähnen fletschenden Tieren Angst zu haben ... Für die Gefühle ist das limbische System im Gehirn zuständig. Von dort aus wird Hypothalamus angewiesen, entsprechende körperliche Reaktionen auf Gefühle einzuleiten. Über Nervenbahnen wird das Nebennierenmark informiert, Adrenalin, Noradrenalin, Kortisol und Kortison auszuschütten. Das sympathische und parasympathische System werden angeregt. Das alles passiert automatisch – ohne darüber nachzudenken. Der Körper wird auf Flucht, Angriff oder „Erstarren" vorbereitet. (Letzteres ist das, was ein Kaninchen vor der Schlange macht.)

Unsere einzelnen Körpersysteme reagieren, angeregt durch das sympathische Nervensystem, wie folgt[7]:

- Der Herzschlag erhöht sich und die Herzkranzgefäße erweitern sich.

---

[7]zitiert nach http://www.angst-panik-hilfe.de/koerperreaktionen-angst.html.10.06.2015

- Die Herztätigkeit wird beschleunigt und der Blutdruck steigt.
- Die Blutgefäße der Haut und inneren Organe verengen sich.
- Die Skelettmuskeln werden stärker durchblutet und spannen sich an, sodass man bereit zu Kampf oder Flucht ist.
- Als Vorbereitung auf mögliche Verletzungen verdickt sich das Blut.
- Die Bronchien erweitern sich, man atmet schneller, um die Versorgung mit Sauerstoff zu erhöhen.
- Es wird mehr Energie verbraucht und der Stoffwechsel wird beschleunigt.
- Wir verlieren den Appetit, die Verdauung wird eingestellt.
- Der Blutzuckerspiegel und die Blutfettwerte steigen.
- Der Speichelfluss wird reduziert, der Speichel wird zähflüssig.
- Die Pupillen erweitern sich, um besser zu sehen.
- Die Ausscheidung, Harn- und Stuhldrang werden eingestellt.
- Die Körpertemperatur steigt an.
- Man hat kalten Schweiß.
- Man ist „hellwach" und richtet die Aufmerksamkeit auf die Gefahr.
- Man ist nervös, unruhig und erregt.

Der Parasympathikus reguliert den Körper im Anschluss, damit wieder Ruhe ins System kommt. Das hört sich ganz einfach an. Aber der Körper muss da schon einiges verarbeiten ... Die produzierten Chemikalien, die für die Reaktionen benötigt wurden, müssen ja auch irgendwie wieder „raus". Ich wünsche mir, dass Sie nie erfahren mussten, dass es einem nach einem Streit richtig speiübel sein kann ... Auch depressive Stimmungen sind möglich, wenn der

Körper es nicht schnell schafft, den ganzen „Müll" der sich da angesammelt hat, schnell wieder loszuwerden und auf „alles ist gut" zu schalten …

Je nachdem wie man „gestrickt" ist, reagiert man auf eine Gefahr mit Flucht oder Angriff. Nicht jeder rennt vor Angst weg. Sie haben sicher schon gehört, dass Hunde auch aus Angst zubeißen. Das Gefühl der Wut ruft ebenso die genannten körperlichen Reaktionen hervor.

Hatten Sie schon mal das Gefühl, mit dem falschen Fuß aufgestanden zu sein? Sie sind „grundlos" morgens schon schlecht gelaunt und das immer öfter? Ist Ihnen dann etwas passiert, dass sie dann noch richtig explodieren lässt? Oder gibt es in ihrem Umfeld jemanden, der Sie die Wände hochgehen lässt, wenn Sie diese Person nur von Weitem sehen oder hören? Und kommt Ihnen dieser jemand ständig „blöd daher" und lässt Sie einfach nicht in Ruhe? Dass dies alles „passiert" hat mehrere Gründe. Die körperlichen Reaktionen auf eine äußerliche Sinneswahrnehmung – einen Reiz – laufen automatisch ab. Sie können Sie gar nicht „kontrollieren". Nehmen wir mal an, Sie haben sich einmal fürchterlich geärgert, dass der Herr Nachbar eines Sonntags morgens Rasen mäht. Der Herr Nachbar schmeißt auch am nächsten und übernächsten Sonntag wieder ziemlich früh den Mäher an. Wenn Sie den Nachbarn auch ohne Rasenmäher begegnen, werden Sie schon wütend. Nicht nur „Sie", sondern auch ihr Körper hat gelernt, wenn das Auge den Nachbarn sieht, mit Wut zu reagieren. Geht Ihnen nicht nur der Herr Nachbar gegen den Strich, sondern auch noch andere Menschen, zum Beispiel während der beruflichen Tätigkeit, lernt Ihr Körper, dass es „gut" ist, immer die notwendigen Chemikalien für Wut bereitzustellen. Die Konsequenz ist einmal, dass man immer leichter ärgerlich wird – manchmal sogar grundlos. Die ständige körperliche Alarmbereitschaft bewirkt zusätzlich, dass die einzelne Organe „erkranken".

Der Verdauungsapparat wird (ständig) unterversorgt. Verdauen ist bei Gefahr ja nicht wichtig. Magen-Darm-Probleme sind „vorprogrammiert". Herz-Kreislaufbeschwerden und Schwierigkeiten im Bewegungsapparat können dagegen auftreten, weil diese „ständig" überversorgt werden. Wenn der Körper zwickt und zwackt, hebt das die Laune auch nicht gerade. Erkennen Sie den „Teufelskreis"? Sollten Sie sich dann noch zusätzlich denken: „Ich mag nicht mehr!", dann stellen Sie sich mal vor, was das wiederum mit Ihrem Körper und seinen Zellen macht ... Und es passiert noch mehr! Es passiert genau das „warum ist mir nur das schon wieder passiert!" Oder es kommt zu der Frage: „Warum komme ich einfach nicht aus meinem Loch heraus?"

Jemand, der latent wütend oder ängstlich ist, strahlt dies auch aus. Das hat nichts (nur) mit „Esoterik" zu tun, sondern ist sogar von der Natur vorgesehen. Lassen Sie mich zur Erklärung ins Tierreich gehen. Pferde oder andere Beutetiere erkennen auf weite Entfernung am Herzschlag des Raubtieres, ob es auf Jagd ist oder nicht. Der Körper eines Löwen bereitet sich auf Angriff vor: das Adrenalin steigt, das Herz pumpt mehr Blut, um den Bewegungsapparat zu versorgen und so weiter. Das Beutetier reagiert darauf entsprechend und dessen Körper stellt ebenfalls alles zu Verfügung, um schnell fliehen zu können. Erkennt ein Zebra beispielsweise, dass „Gefahr" besteht, kann es dies sehr schnell der ganzen Herde mitteilen – sie „spüren" es. Sie haben sicher in Tierfilmen gesehen, dass Zebras und Löwen gemeinsam an einem Wasserloch trinken. Ein Zebra haut also nicht sofort ab, wenn es einen Löwen sieht – es braucht die entsprechende „Energie" des Löwen. Vielleicht verstehen einige Pferdebesitzer jetzt auch besser, warum das Pferd nicht ruhig und brav ist, wenn man selbst gestresst ist. Für das Pferd signalisiert der Besitzer „Gefahr" und es will nur weg … Es ist der natürliche Überlebensinstinkt. Pferde, die sich ständig mit „angespannten" Personen aufhalten müssen, leiden daher sehr oft an Sehnenentzündungen, haben Gelenksprobleme oder bekommen häufig eine Kolik. Der „Fluchtmodus" des Körpers bewirkt, dass Körpersysteme oft oder sogar dauerhaft entweder unter- oder überversorgt werden.

Bitte sehen Sie mir nach, wenn ich kurz abschweife: ich habe schon öfters sagen gehört, dass Tiere, die Sorgen, Ängste sowie Krankheiten ihrer Besitzer übernehmen und sogar abnehmen. Wenn Sie ein Tier zu Hause haben, kann es sein, dass sie sich besser fühlen, weil es einfach da ist. Aber es ist nicht so, dass sie keine Sorgen mehr haben und dafür das Tier. Oder in der Konsequenz: man bleibt gesund und das Tier wird krank. Selbst wenn dies möglich WÄRE, können Sie sich vorstellen, was eine derartige Aussage mit und aus einer Frau Huber macht, die ihren innig geliebten Waucki einschläfern musste, weil er total verkrebst war? Selbst wenn dies möglich WÄRE, was für einen Sinn hätte ein derartiges „Opfer"? Lassen Sie uns bei dem Beispiel von Frau Huber und ihrem Hund bleiben: Eigentlich hätte Frau Huber den Krebs bekommen sollen. Wenn es nun tatsächlich so ist, dass jede Krankheit eine Ursache hat und sei es letztlich nur ein „mieses Karma", hätte der Hund nicht die Ursache der Krankheit übernommen, sondern nur die Wirkung. Der mögliche Grund für eine Erkrankung von Frau Huber würde weiter vorhanden sein – sie müsste diese auch weiter er- bzw. durchleben. Weiterhin wäre ein Abnehmen der Krankheit letztlich einen Eingriff auf Frau Hubers Leben und ihre „geistige Entwicklung". Warum sollte ein Tier so etwas tun? So betrachtet wäre es sicher keine Tat aus Liebe … Ich bevorzuge zu sagen: Tiere stecken sich an.

Der hungrige Löwe bewirkt, dass bei einem Zebra entsprechend der Körper auf Fluchtmodus schaltet. Ein nervöser Besitzer steckt sein

Pferd an, ebenfalls „nervös" – mit Fluchtmodus – zu reagieren. Sicher wurden Sie auch schon mal von jemanden angesteckt und nicht nur mit Schnupfen ...

Ich habe vorher kurz angesprochen, dass man auf Gefahr nicht nur mit Angriff oder Flucht reagieren kann. Man kann auch zur Salzsäule erstarren. Es gab Situationen, da kann man einfach nicht reagieren – es war, als ob ich gar nicht „da" wäre. Mir ist es schon öfter mal passiert, dass mich jemand zur Schnecke gemacht hat und ich konnte gar nichts mehr sagen oder gar machen, obwohl ich sonst eigentlich nicht auf den Mund gefallen und eher leicht erregbar („angriffslustig") bin. Auch dies ist von der Natur „eingeplant". Gibt es bei Gefahr keine Möglichkeit mehr, sich zu wehren oder wegzulaufen, sorgt der Körper für die notwendigen Chemikalien, um nichts mehr zu empfinden. Daher kann es auch sein, dass man nach einem Unfall keine Schmerzen empfindet, obwohl man verletzt ist. Dieser „Erstarrungsmodus" hat also auch durchaus seinen Sinn ...

Zurück zu dem Problem der eigenen Ausstrahlung: Ihr Körper teilt anderen Körpern mit, was Sie denken und fühlen. Der Körper des anderen reagiert entsprechend und schüttet auch wieder passende Substanzen aus. Ganz einfach ausdrückt: man fühlt sich wohl in der Gegenwart eines anderen oder möchte einfach nur weg ... Nochmals: dies ist ein von der Natur vorgesehener Prozess, der Überleben über Generationen hinweg Leben sichert und gesichert hat. Die eigene Ausstrahlung bewirkt aber noch mehr:

Wenn man gestresst ist, (latent) Angst hat oder wütend ist, kann man nicht so gut denken – alles ist auf schnelle Reaktion geeicht. Entscheidungen, die man in diesen Situationen „aus dem Bauch" heraus macht, können unter Umständen in die Hose gehen ... Auch kann es sein, dass Sie genau in die Situationen hinein manövriert werden, die Sie gar nicht möchten und die wieder eben genau diese Gefühle bei Ihnen hervor rufen. Angenommen Sie wären ein sehr ängstlicher Mensch und fürchten (ständig), sich wehzutun. Ihr Bewegungsapparat ist ständig in Alarmbereitschaft. Die Muskeln etc. sind immer „angespannt", was diese auf Dauer nicht aushalten. Es kann sein, dass Sie tatsächlich hinfallen und sich wehtun.

Ich bin so jemand, der sich immer irgendwo anstößt. Meine kleinen Zehen habe ich mir schon öfter an Türrahmen gebrochen. Während ich diese Zeilen schreibe, wird mein linker Arm von einer Gipsschiene gestützt. Ich bin in einer weiten Hose mit dem Fuß hängen geblieben, und damit ich nicht auf die Nase fliege, habe ich mich mit der Hand aufgestützt. (Aua). Es ist nichts gebrochen, aber meine Knochen, Bänder und Sehnen jammern trotzdem. Warum ist mir das passiert? Ich sollte allerdings besser fragen, was ist **vorher** alles passiert: Sie haben sicher schon zwischen den Zeilen gelesen, dass ich alles andere als ein ruhiger Mensch bin. Meine Extremitäten werden daher ständig überversorgt, dafür umso weniger mein Verdauungstrakt und vor allem das Oberstübchen. Hinzu kam, dass eines meiner Pferde sehr krank wurde. Wenn es meinen Tieren nicht gut geht, bin ich alles andere als in meiner Mitte … Ich musste alle meine Koppeln umackern lassen, weil die Stute kein Gras mehr fressen sollte. Das tat mir sehr viel … Ich liebe es, den Pferden beim Grasen zuzusehen. In mir war also alles auf Widerstand geeicht. Dann machte ich noch etwas sehr Schlimmes: bei einem Gespräch während des Mittagessens sagte ich, dass ich nie wieder nach Italien gehen würde, wenn ich gewusst hätte, was da so alles auf mich zukommt. Das tat meiner Mutter sehr weh. Der Satz, den ich da losgelassen hatte, ist unabhängig davon, dass er absoluter Schwachsinn war, auch absolut gegen die „Überzeugung", die ich sonst in die Welt hinaus posaune … Ich hatte es mit mir und meinen „Fehlern", mit Gott und dem Rest der Welt. Ich möchte gleich vorausschicken, dass ich nicht glaube, dass ich „bestraft" worden bin – nach dem

Motto: ich habe jemanden verletzt und daher geschieht so etwas auch mit mir. Es läuft für mich etwas anders ab.

Unser Körper ist eine riesige Ansammlung von Energie. Jede Zelle hat ihr eigenes „Bewusstsein". Man könnte sagen, ein Fuß mit all seinen Zellen kann auf sich selbst aufpassen. Er geht von „allein", wenn die Impulse dazu „stimmen". Nun, meine Impulse stimmten sicher nicht ... Meine (Lebens-)Energie war mit meinem Oberstübchen beschäftigt und hatte alle Hände voll damit zu tun, dass dort oben nichts durchbrennt ... Mein Fuß bekam von ihr weniger „Aufmerksamkeit" und damit ließ seine nach. Hinzu kommt, dass ich mit meiner inneren Unruhe sozusagen permanent meine Extremitäten strapaziere. Schon als Kind hatte ich Mühe für längere Zeit still zu sitzen. Bevor ich diese blöde Hose angezogen hatte, dachte ich mir noch, ob das wohl gut ginge ... Ich lange mir gerade ans Hirn, wie ich so doof sein konnte und nicht auf „mich" gehört habe. Aber unter Stress wird eben gerade dieses abgeschaltet ... Es ist also sicher nicht so, dass einem der „Kosmos" mit einem Unfall etwas „zeigen" will – er macht das schon vorher. Man passt bloß nicht auf ...

Ein anderes Beispiel, wie uns die „Ausstrahlung" oder Körperenergie in Dinge manövrieren kann, ist vielleicht auch schon dem einen oder der anderen einmal passiert: Steckt hinter dem Wunsch endlich einen netten Partner zu finden, die Angst, hoffentlich nicht wieder an so einen herrschsüchtigen Deppen zu gelangen, marschiert genau wieder so einer an. Er (oder sie) „spürt" die Unsicherheit, wird förmlich von ihr angezogen. Denn aus „energetischer Sicht" passt derjenige oder diejenige, er oder sie hat Angst, ist schwach, das heißt, er oder sie wird folgen!

Weiterhin scheint es so, sollten Geldsorgen einmal angefangen haben, als ob der Teufel wirklich immer auf den gleichen Haufen „macht". Ich habe es bei mir selbst erlebt, dass ich bei dem Wort

„Geld" oder „Bank" allein schon Beklemmung in der Brust und vieles mehr gespürt habe. Vernünftiges Denken über finanzielle Angelegenheiten oder Lösungen ist mit der Angst im Nacken nicht einfach. Man kann sprichwörtlich körperlich nicht (mehr). Positiv denken funktioniert in diesen Momenten nicht – der Körper „denkt", dass es wichtiger ist, zu regieren oder agieren, als in Ruhe nachzudenken. Wenn der Körper gelernt hat, auf bestimmte Dinge, die er sieht, hört oder schmeckt zum Beispiel mit Angst zu reagieren, dann reicht es oft schon, an das Wort der Angst machenden Sache zu „denken" – es kann auch zur Angst vor der Angst kommen. So gesehen könnte man wirklich behaupten, der Körper führt ein Eigenleben.

Es gibt viele Möglichkeiten, aus diesem Fahrwasser rauszukommen. Eine ist tiefes Atmen. Wenn ich spüre, dass etwas in mir hochkocht, versuche ich durch das Atmen Dampf abzulassen: einatmen und ausatmen – ein paar Mal hintereinander. Der Körper fährt dadurch runter … Auch die Homöopathie und das Super-Placebo können dabei helfen (mehr dazu unter diesen Kapiteln). Mir hat es sehr geholfen, dass ich verstanden habe, was sich alles so in mir bei „Gefahr" abspielt. Ich ärgere mich nicht mehr so über mich selbst, wenn der Gaul mal wieder mit mir durchgeht und ich nicht so ruhig und ausgeglichen bin, wie ich gerne wäre. Es hilft mir, zu verstehen, was da so in mir abläuft. Mein Sturz war nicht etwas, das mir AUCH NOCH passiert ist, sondern lediglich eine logische Konsequenz.

Verständnis für sich selbst zu haben, ist ein erster Schritt zur (bedingungslosen) Selbstliebe. Es gelingt einem dadurch auch, andere besser andere zu verstehen, wenn diese sich mal „neben der Spur" befinden. Unangenehme Gefühle und die meist darauf folgenden Reaktionen sind nicht schön. Man kann sie sich schön reden, indem man sich immer wieder sagt, dass man ohne die Angst nicht weiß, was Mut ist und ohne Angst vielleicht Sachen machen würde, die mit Mut nichts zu tun haben, sondern mit Plemplem. Man kann sich auch immer wieder vorsagen, dass Angst ein „natürliches" Gefühl ist, dass Überleben sichert oder spiritueller: da man alles ist, ist man auch die „unschönen" Gefühle. Aber Hand aufs Herzchakra, eigentlich möchte man sie nicht haben, sondern nur loswerden. Wie manche anderen Dinge auch ... Der Wunsch, etwas „los haben zu wollen" macht aber wieder etwas mit und vor allem in unserem Körper etwas – dazu mehr im nächsten Kapitel.

Das Problem mit dem Problem-Loswerden-Wollen

Ich habe das Problem, dass ich Probleme nicht mag. Es soll sie angeblich nicht geben – sondern nur Lösungen. Ob ich eine finde, hängt bei mir sehr stark vom jeweiligen Problem ab. Denn nicht alle Probleme sind lösbar. Stimmt nicht? Sind Sie schon mal gefragt worden, was eigentlich „Ihr" Problem sei? Manchmal ist das nämlich gar nicht einfach zu definieren. Was versteht man überhaupt unter einem Problem? Das Wort kommt aus dem Griechischen und bedeutet: „das Vorgeworfene, das Vorgelegte, das was (zur Lösung) vorgelegt wurde." Es soll sich dabei um eine Aufgabe oder Streitfrage handeln, deren Lösung mit Schwierigkeiten verbunden ist [8]. Da haben wir den Salat – oder das Problem. Schon in der Definition selbst, wird darauf hingewiesen, dass die Lösung für ein Problem nicht unbedingt „leicht" ist. Manche Aufgaben sind zu schwer oder einfach nicht machbar – unmöglich. Wenn Sie die Pyramiden von Gizeh alleine nachbauen möchten, dann haben Sie sicherlich ein Problem. Manche sehen in ihrem Haarschnitt ein riesiges Problem so wie ich auch schon einige Male und es ließ sich nicht sofort lösen – erst nach einem Jahr. Einige konnten mein Problem verstehen. Jemand meinte jedoch, mein Problem liege nicht am verhunzten Kopf, sondern in gerade diesem. Was natürlich zu weiteren Problemen führte – zwischenmenschlicher Art. Ich hätte sehr gerne dieser Person und dem Friseur einen neuen Haarschnitt verpasst – damit sie sehen, wie man sich dann so fühlt. Obwohl – wenn ich mir die beiden so anschaue, finden sie wahrscheinlich gerade verhunzte Haare gut …

Jeder hat so sein Problem … Es ist sehr schwer – problematisch – sich in andere und deren Situation hinein zu versetzen. Wie groß

---

[8] Vgl. http://de.wikipedia.org/wiki/Problem. 10.06.2015

oder wie klein, wie schwer oder wie leicht, empfindet jeder für sich und anders. Gemeinsam ist allen, dass man seine Probleme loswerden, möchte, und zwar schnell und für immer. Sätze wie: „Man wächst mit seinen Aufgaben!" kann man sagen, aber hören mag ich sie nicht. Es gibt Dinge, die rauben buchstäblich die Luft zum Atmen. Manche Sorgen scheinen regelrecht zu erdrücken. Man möchte sie verständlicherweise nicht. Aber was passiert in einem, wenn man etwas nicht haben oder sein mag? Alles in einem schaltet auf Widerstand. Bei mir ist es manchmal leider immer noch so, dass man das Wort Hysterie nicht im Fremdwörterduden nachschlagen muss, um zu wissen, was darunter zu verstehen ist. Und es kommt noch „schlimmer" – vielleicht haben Sie das auch schon erlebt: wenn man etwas loswerden will, bleibt „es" entweder oder kommt immer wieder. Viele Menschen haben Problem mit ihrem Gewicht. Ich kann ein Lied davon singen: nach jeder Diät war nach Kurzem alles wieder da, wo es war – manchmal war sogar noch mehr als vorher.

Ich habe mich gefragt, warum man scheinbar immer wieder vor denselben „Problemen" steht und sie nicht „im Griff" hat. Es scheint, als wäre man ihnen „hilflos" ausgeliefert. Aber was soll man denn machen, wenn man in der Klemme steckt? Wenn man nur noch aus Angst und Vorwürfen besteht, ein Problem unlösbar scheint und falls es einem dennoch gelingen sollte, aus der Misere herauszukommen, diese wieder durch die Hintertüre herein spaziert? Es ist, als ob man das alles „magisch" anzieht? Wie zieht man endlich mal nur das Gute und Schöne an?

Stellen Sie sich mal vor, es wäre schon da. Wie ALLES immer da ist. Wir wissen, was hell ist, weil wir das Dunkle kennen, weil das Dunkle existiert. Unsere negativen Seiten, unseren „Schatten" mögen wir in der Regel nicht. Er geht auch nicht weg, wenn wir ihn einfach ignorieren. Er kann gar nicht weggehen. Auch im „wirklichen" Leben werfen wir immer einen Schatten. Selbst wenn die Sonne uns direkt auf den Kopf scheint: Hebt man einen Fuß hoch, ist er (wieder) da. Man könnte fast sagen, er ist das Fundament, auf dem man steht. Wenn es weiter stimmt, dass die stärkste Kraft die „Liebe" ist und eben gerade „Selbst-Liebe" für alles essenziell ist, sollte man auch seine Schatten-Seite „lieben". Auch ich habe mich gefragt, wie das denn bitte gehen soll … Mein Selbst meinte bei einem „Channeling" dazu, ich sollte versuchen, Verständnis und Mitgefühl für den Teil in mir haben, der zum Beispiel auf etwas wütend ist und für den Teil, der gerade diese Wut nicht mag. Das geht schrittweise und das muss man üben, und zwar mit kleinen Dingen. Ich habe mit ganz lächerlichen unwesentlichen Dingen angefangen. Ich habe so Tage, da mir fliegt alles aus der Hand. Ich möchte ja keine schlimmen Worte mehr schreiben, daher appelliere ich an Ihr Vorstellungsvermögen, was mir da so alles rausgerutscht ist.

Das Erste, was ich aufgehört habe, war mich über meine Ungeschicklichkeit zu ärgern. Um diese Wut auf mich oder auf das „warum ist mir das schon wieder passiert" aufzufangen, habe ich zu mir so Sächelchen gesagt wie: „Du Arme, wird schon wieder, du schafft es schon die Scherben aufzusammeln." Statt vor mich hinzuschimpfen, habe ich mir gut zugeredet. Ich kam mir anfangs schon etwas blöd vor. Aber es hat mir geholfen. Ich kann Ihnen nicht mal sagen, ob ich mir seitdem weniger wehtue oder meine Tassen und Gläser länger ganz bleiben. Es hat kein „Thema" mehr für mich – so wie es früher war. Natürlich so ein umgekipptes Glas kein weltbewegendes Problem oder etwas „Schlimmes". Aber ich wiederhole mich: man muss mit den kleinen, alltäglichen Dingen anfangen. Langsam lernt man „anzunehmen", sich nicht mehr gegen sich selbst und was man alles so „anstellt", zu wehren. Man konditioniert sich um!

Wenn man erkennt, was hinter einem Problem steckt – nämlich man selbst – ist man auch gleichzeitig die Lösung. Das hört sich jetzt ziemlich esotechnisch an, ich weiß. Was erwarten Sie sich von sich und dem „Leben"? Wünschen Sie sich, dass – komme, was mag – Sie mit allem zurecht kommen? Dass Sie nichts aus der Bahn werfen kann? Sie mit sich selbst und Ihrem Leben zufrieden sind? Ausgeglichen? In Ihrer Mitte? So wie der lächelnde Buddha (ok, vielleicht etwas schlanker …)? Ich wollte ein „sorgenfreies", unproblematisches Leben ohne Schmerzen, weil ich Angst habe, dass etwas „passiert", womit ich nicht fertig werde. Oft hatte ich Angst vor der Angst: Angst davor, dass etwas Schreckliches passieren könnte. Angst, dass dieses Schreckliche mich verzweifeln lässt. Sogenannte positive Affirmationen konnten gar nicht funktionieren, denn was habe ich ausgestrahlt – womit bin ich in Resonanz gegangen: „Mir gefällt nicht das, was ist. Nicht ich selbst und das Leben." Wenn ich eine Seite in mir ablehne, bin ich nur „halb" und eben ziemlich weit davon „eins" zu sein. Wie soll dann das „Glück" angezogen werden?

Im vorangegangen Kapitel habe ich darüber geschrieben, dass wir mit unserem Körper und er mit uns „kommuniziert". Wenn man etwas loshaben will, schaltet er in einen „Gefahrenmodus", weil man sich eben gegen etwas – eine „Gefahr" – wehrt. In diesen Momenten ist man nicht „rational". Auch bei einem Abwehrmechanismus ist der Körper auf schnelle Reaktion getrimmt: Angriff oder Flucht. Normalerweise reguliert sich der Körper von „selbst" wieder, wenn die Gefahr vorbei ist. Wenn wir aber dauernd auf „Stress" geeicht sind, herrscht aus Sicht unseres Körpers allerdings dauernd Gefahr. Am Arbeitsplatz herrscht immer mehr Druck. Man muss schnell noch etwas einkaufen. Schnell noch dies und das machen. Der Körper lernt, dass es „gut" ist, eigentlich immer im „Gefahrenmodus" zu laufen. Und das strahlt man auch aus. Sie spüren, wenn jemand gestresst ist... Zur Ruhe kommen und ein Problem „vernünftig" anzugehen, ist dann gar nicht so einfach ... Man möchte eigentlich nur „weg" – Ihr Körper „denkt" das auch ...

Vielleicht fragen Sie sich jetzt, wie wird man dann das los, dass man etwas loshaben möchte – wenn dann der Körper auch noch dabei verrücktspielen kann! Ich habe mich diesbezüglich während mehreren Channelings mit meinem Selbst auseinander gesetzt, weil mir die Sache mit dem Annehmen und dem Sich-Nicht-Gegen-Etwas-Wehren nicht klar war. Ich habe nicht verstanden, wie es mit der Absicht und dem Wunsch zu einer positiven Veränderung in Einklang kommen kann. Die Kernaussage war ganz einfach: die Einstellung ändern.

44

Die Einstellung einfach ändern

Einen Satz zitiere ich immer wieder gerne: „Nicht die Dinge beunruhigen die Menschen, sondern ihre Meinungen über die Dinge."[9] Das heißt, eine Lebenssituation ist für sich allein nicht schlecht, sondern wird es erst, weil wir so über sie len. Ich verharre immer andächtig, wenn ich es lese. Bei Zahnschmerzen aber geht mir diese philosophische Aussage sonst wo vorbei. Auch wenn meine Tiere krank sind und leiden. Da kehre ich an das Problem, das ich am Anfang des letzten Kapitels beschrieben habe, zurück: ich möchte die Zahnschmerzen loshaben und dass meine Tiere nicht krank und für immer und ewig bei mir sind. Ich möchte das, was ist – die Situation, das was geschieht – nicht haben. Irgendwann werden mir sicher die Zähne ausfallen, wenn ich mich nicht vorher von der Welt verabschiede und meine Tiere bleiben nicht ewig bei mir – außer ich gehe vor ihnen. Das gefällt mir nicht und macht sehr viel aus und mit mir: ich bin ängstlich, wütend oder verzweifelt. Auch alles etwas, was ich nicht mag.

Mein Selbst meinte zu mir, als ich mich über all diese Schmerzen und das Leid beklagt habe, unser „Problem" wäre, dass wir uns als von dem Ereignis getrennt betrachten würden. Für mich war diese Aussage das komplette Gegenteil von allen philosophischen oder esoterischen Aussagen und ich habe es nicht sofort verstanden. Es heißt eigentlich doch immer, wir sollen uns von den Situationen nicht einnehmen lassen – wir wären geistige Wesen, die irgendwie „darüber" stünden. Man sollte sich doch gerade NICHT mit der Lebenssituation oder einem Ereignis identifizieren. Liebe Leser, es

---

[9]Zitiert nach Epiktet (ca. 50 n. Chr. – c. 140 n. Chr., zitiert nach Gebhard, U. Kind und Natur. Die Bedeutung der Natur für die psychische Entwicklung. Wiesbaden, VS Verlag ,2009

kann auch sein, dass ich die Weisheiten aus den Büchern, die ich gelesen habe oder die Botschaften der Seminare, die ich besucht habe, nicht richtig verstanden habe. Aber bei mir hatte es sich so manifestiert und ich habe mich auch getrennt gefühlt von allem, was so um mich herum passiert und ich nicht „kontrollieren kann. Es waren „Aufgaben", die es zu „meistern" galt und, mit denen man lernen soll, umzugehen und so weiter. Jetzt sagt mein Selbst zu mir: du bist das Ereignis. Das heißt, ich bin die Zahnschmerzen (das kann ich noch irgendwie nachvollziehen, weil wenn da einer wehtut, „bin" ich nur das). Ich bin das Unwetter. Ich bin die Krankheit meiner Tiere. Ich bin der Krieg, der über mich hereinbricht. Ich bin alles, was ist. Letzteres ist wieder sehr abstrakt, ich weiß. Ich habe sehr lange gebraucht, um es irgendwie annähernd zu begreifen. Ich habe Ihnen eingangs erzählt, dass ich glaube, dass wir in „Gott" und „Gott" in uns ist. Außerhalb von IHM kann nichts sein – oder passieren. Man passiert sich also irgendwie selbst und ER sich auch – aber nur „scheinbar" und „scheinbar" getrennt. Man erlebt etwas und genau dieses Erlebte ist man selbst. Ich weiß, es ist sehr schwierig, sich das vorzustellen. Wie kann sollte man sich „vorstellen", dass man die Zeit ist? Die Zeit gibt es aber auch nur, damit man Zustand oder das reine „Sein" erkennt. Ich gebe zu, es hört sich an, als wäre ich schon ganz nah am Plemplem-Zustand …

Sicher fragen Sie sich, was so eine Sichtweise bringen soll. Das habe ich mein Selbst übrigens auch ziemlich deftig gefragt. Wenn ich „alles" wirklich wäre, warum mache ich es mir dann nicht so richtig gemütlich und schön und vor allem die Welt heil und friedlich? So ein Selbst ist eine geduldige aber auch sehr ehrliche „Sache". Ich bekam als Antwort: „Weil du es noch nicht kannst!" Diese Antwort brachte mich dann so richtig auf die Palme. Da soll man angeblich alles sein, Zeit soll es nicht geben, dann kann man aber etwas noch nicht. Hören Sie meinen Widerstand heraus? Mein Selbst hat es auf jeden Fall getan und mich darauf hingewiesen meine Einstellung zu ändern. Gemeint war damit so etwas wie die „Frequenz" ändern. Um zu erklären, was damit gemeint ist, stellen Sie sich mal kurz vor, Sie wären ein Fernseher.

Eine Sendung läuft gerade, die Sie nicht mögen. Was machen Sie? Nichts, weil Sie als Fernseher nichts machen können. Es braucht jemanden da draußen, der an Ihnen rumzappt. Sie als Fernseher können dann nur hoffen, dass der- oder diejenige den richtigen Knopf drückt und etwas kommt, das für Sie erträglich ist. Ich als Fernseher hätte so Probleme mit dem Nachmittagsprogramm. Sie vielleicht finden Promi-News doof. Egal, wie auch immer, wenn man das TV-Programm so anschaut, wäre man als Fernseher eh lieber den ganzen Tag und die Nacht ausgeschaltet. Als so ein Fernseher hat man da allerdings wenig Mitspracherecht. Jemand anderer entscheidet. Ein Fernseher möchte ich eigentlich nicht sein. Dann schon eher derjenige, der die Fernbedienung in der Hand hat (in Mehr-Personen-Haushalten sicher kein leichtes Unterfangen …).

Jetzt stellen Sie sich vor, der Fernseher wäre Ihre Gefühlswelt inklusive der mehr oder weniger dazugehörenden Gedanken. Sie bräuchten nur auf „glücklich" drehen oder auf „think positiv" umschalten. Wenn das so einfach wäre … Stimmt. Sie müssen wissen, auf welchem Sender das Glücklich-Sein gespielt wird und natürlich auch, wie man den Sender findet oder einstellt. Das funktioniert nicht, wenn man wahllos irgendwelche Knöpfe drückt. Es kann sein, dass man „Glück" hat und tatsächlich den gewünschten Sender findet. Aber wenn man ihn wieder haben möchte, geht das hin und her Zappen wieder von vorne los. Warum den Sender nicht einfach immer auf diesem Programm lassen? Das wäre auch so mein Wunschgedanke. Immerwährende Glückseligkeit. Nehmen wir mal an, es wäre möglich. Sie kommen glücklich auf die Welt und sind es bis heute. Woher wissen Sie das aber? Sie kennen ja nichts anderes. So ging es wahrscheinlich dem Adam und der Eva im Paradies. Die hatten dort sicher auch keinen Fernseher und wussten nicht, was das Nachmittags- und Vorabendprogramm so alles mit einem machen kann ... Ob es sich dafür rentiert hat, in einen Apfel zu beißen, kann ich Ihnen auch nicht sagen. Sicher hatten die beiden die eine oder andere Auseinandersetzung deswegen. Adam war sicher sauer, dass er wegen der Eva aus dem Paradies verstoßen wurde. Eva schob dann alles der Schlange in die Schuhe und beschäftigt sich wohl deswegen auch sehr viel damit bis heute – mit Schuhen ...

Den Weg zurück in den Garten Eden haben sie noch nicht gefunden und das macht sie frustriert, zornig und ganz bestimmt haben sie auch Angst. Denn sie glauben, um wieder ins Himmelreich zu kommen, müssen sie erst sterben. Zwischendurch glauben sie auch, etwas himmlische Stimmen zu hören. Es wurden einige gesandt, um den beiden zu sagen, was sie tun und lassen sollen, damit es ihnen besser geht und vor allem, wie sie nervige Sendungen abschalten können. Aber es bleibt ihnen nichts anderes übrig, als erst einmal hinzuhören und zu sehen, wo welcher Film gespielt wird. Dabei merken sie, dass es hinter dem ganzen Lärm alles ruhig ist. Sonst könnte man ja nichts hören. Wenn die beiden nicht gerade wieder mit etwas anderem beschäftigt sind, spüren sie auch, dass sie selbst in der Stille sind. Dass sich das ganze Blabla vor ihnen abspielt. Sie werden zum Betrachter oder Zuhörer. Sie merken, dass sie dem TV-Programm nicht hilflos ausgeliefert sind. Und sie merken, dass sie weder der Fernseher noch das, was aus ihm heraus kommt, „sind".

Versuchen Sie doch mal Ihre Gedanken zu beobachten. Achten Sie auf all die Gedanken, die Ihnen so durch den Kopf gehen. Wichtig ist, dass Sie diese aber nicht bewerten! Betrachten Sie sie wie einen vorbeifahrenden Zug. Waggon für Waggon. Sie müssen auf keinen davon aufspringen, Sie sind lediglich Beobachter und lassen diese an sich vorbeiziehen. Am Anfang ist dies sicher nicht leicht – man möchte den Zug gerne aufhalten oder umlenken. Lassen Sie ihn aber einfach weiter fahren. Wenn möglich, jeden Tag so für fünf Minuten. Stellen Sie sich eine Uhr, damit sie nicht das Gefühl haben, sich im „Nichts zu verlieren" – und damit Sie auch für eine gewisse Zeit wirklich üben. Fünf Minuten können nämlich ganz schön lang werden.

Man möchte die Gedanken oder Gefühle – oder den Zug – gerne anhalten oder in eine bestimmte Richtung lenken. Dieser Wunsch ist grundsätzlich nicht verkehrt. Unsere Gedanken sind Information, Energie. Sie sollten demnach auch „positiv" sein. Was passiert aber wieder, wenn Sie Ihre Gedanken als „schlecht" empfinden? Sie werten diese und mit der Beurteilung oder Verurteilung beginnt wieder der Widerstand. Und das (Gedanken-) Karussell dreht sich immer weiter ... Wenn man versucht, seine Angst oder andere Gefühle und Gedanken einfach „sein zu lassen", gewinnt man Abstand. Das einfach sein lassen, bewirkt auch, dass sie da sein dürfen und dass man sie nicht mehr „braucht". Sie sind immer noch ein Teil von einem selbst, aber sie überkommen einem nicht mehr so einfach. Erst mit diesem Abstand kann man wählen oder ändern.

Sie haben sicherlich schon gespürt, ob ein Mensch ängstlich ist oder einfach „negativ" denkt. Er strahlt dies aus, wie ein Fernseher eine Sendung, die von woanders her übertragen werden. Es sind Wellen, Frequenzen. Ich bin kein Techniker, also wie das genau funktioniert, dass wir da auf dem Bildschirm etwas sehen, kann ich nicht erklären. Ich hoffe, Sie verstehen trotzdem, was ich meine. Auf einer Frequenz wird ein Film, auf einer anderen eine Quizsendung ausgestrahlt. Der Zuschauer entscheidet, ob er das, was da gerade läuft, mag oder nicht. Erst hier kommt die Beurteilung. Nachdem er gesehen hat, was da so kommt. Dann schaltet man um. Wenn man seine

Gefühle nicht mag und sie loswerden möchte, wäre das, als ob man sich eine Sendung anschaut, und sich dabei ständig beschwert und nur möchte, dass sie aufhört und endliche etwas anderes kommt. Man müsste aber doch lediglich die Fernbedienung drücken.

Die Einstellung zu ändern, bedeutet auf eine andere Frequenz zu gehen – umzuschalten. Nochmals, dazu muss man wissen, was auf den einzelnen Frequenzen so abläuft. Wenn einem etwas nicht gefällt, wird man nicht versuchen, das Programm an sich ändern. Insbesondere die Verantwortlichen bei den Privat-Sendern glaube ich, wären da ziemlich hartnäckig … Man schaltet um oder aus. Man muss „nur" erkennen, dass man einen Schalter in der Hand hält. Ich verlege diesen Schalter sehr oft und finde ihn nicht. Einmal habe ich doch tatsächlich die Fernbedienung des Fernsehers im Gefrierfach meines Kühlschrankes endlich wieder gefunden. Mein Geldbeutel war da übrigens auch schon mal.

Mit der obigen Übung können Sie erkennen, dass sie fähig sind, Abstand zu Ihren Gedanken oder Gefühlen zu haben. Das geht nicht von heute auf morgen. Es ist ein Prozess. Oder wie mir mein Selbst gesagt, hat: du kannst es noch nicht. Ich mag meine Angst oder meine Wut immer noch nicht. Es gelingt mir manchmal nicht, sie einfach „sein zu lassen" – oder wie den Zug vorbei fahren zu lassen und winke, winke zu machen. Aber ich habe verstanden, dass ich die Frequenz der Angst „brauchte", um die Frequenz von Mut zu verstehen. Ich habe verstanden, dass Angst nicht nur „schlecht" ist.

Wir alle möchten gerne immer glücklich und zufrieden sein. Letztlich sind dies aber auch nur temporäre Gefühle, so wie Angst oder Wut. Gefühle sind nicht darauf ausgerichtet, ein „Dauerzustand" zu sein. Der Mensch als geistiges Wesen, als reines Bewusstsein steht „dahinter". Er kann wählen welche „Frequenz" er erleben möchte oder auf welcher „Frequenz" er sich bewegt. Bewegt man sich in oder auf der Welle der Angst, scheint es, als ob nur Angst machende Dinge daher kommen. Dinge, die einem schon wieder passieren. Es ist aber als ob man einen Verkaufssender einschaltet und erwartet, dass ein schöner Film kommt. Er wird nicht kommen, wenn man sich aufregt. Widerstand erzeugt auch im Körper wieder alle chemischen Reaktionen wie bei „Gefahr". So schaltet man sicher nicht um, denn man bleibt damit genau auf dieser Welle – man strahlt die Sendung sogar selber aus.

Ich muss gestehen, ich würde gerne bestimmen, was mir im Leben passiert – oder bildlich ausdrückt, ich würde gerne das Fernsehprogramm gestalten. Ich habe viel gelesen, dass man als geistiges Wesen ja „schöpferisch" ist, d. h., dass man sich alles selbst „erschafft" und gleichzeitig aber auch erschaffen kann. Es ist diese „jeder ist seines Glückes-Schmied-Sache". Da ich es aber noch nicht „geschafft" habe, mir das von mir „Gewünschte" zu erschaffen, war ich ziemlich frustriert. Dieser Frust erzeugte auch Druck in mir: du kannst es nicht. Heute habe ich verstanden, warum „es" nicht funktionieren konnte. Ich befand mich genau auf der Welle, die für meinen Körper „Gefahr" bedeutete ausgelöst durch Druck und Widerstand. Der erste Schritt ist alles mal „sein zu lassen". Die obige Übung kann Ihnen helfen, mal Ihre Gedanken einfach sein zu lassen. Mit der Zeit werden Sie feststellen, in der Lage zu sein, mal nicht zu denken. Es tut sich Stille auf.

Im nächsten Kapitel möchte ich Ihnen erklären, wie Sie sich selbst auch einfach mal „sein lassen können".

Ein Engel auf Erden sein

Viele Menschen haben mir gesagt, dass sie sich selbst als „sinnlos" empfinden. Das Leben bestünde für sie nur aus Angst und Traurigkeit. Sie hätten es nie zu etwas gebracht und für das, was sie gerne machen würde, biete sich keine Gelegenheit oder es fehle ihnen mittlerweile die Kraft. Wenn sich nicht bald etwas ändere, würden sie am liebsten gehen. Es wäre ihnen egal, ob sie leben oder tot wären. Nun, mir ist das nicht egal. Ich bemühe mich, ihnen zu erklären, dass ihr Sinn vielleicht „nur" darin besteht, einfach DA zu sein. Oft bekomme ich als Antwort, dass eben dieses einfach „DA SEIN" ihnen Mühe bereite. In ihnen sei nur der Wunsch, „weg zu sein". Sollten Sie sich irgendwann auch mal so gefühlt haben, kann ich Ihnen nur sagen, es ist nicht leicht ein (irdischer) Engel zu sein …

Glauben Sie an Engel? Ich würde mir nie trauen zu sagen, dass ich nicht an sie glaube. Meine Mutter meinte, ich hätte in meinem Leben schon mehr als einen Schutzengel gehabt und die möchte ich auf keinen Fall verärgern. Auch hätte ich mir sonst mein Engelskarten-Set umsonst gekauft. Aber wer oder was sind sie überhaupt? Reine Lichtwesen, die nur aus Liebe bestehen? Wesen, die uns helfen, uns beistehen und Botschaften von Gott überbringen? Wesen, denen bestimmte Aufgaben zugeteilt wurden und unter denen auch so etwas wie eine hierarchische Ordnung besteht? Ein Erzengel ist angeblich schon ein ziemlich hoher Engel. Auch haben sehr viele unter ihnen einen Namen. Wenn Sie jetzt denken, dass ich mit meiner Fragerei, diese Wesen ja fast schon verhöhnen würde und ich schon sehen würde, was ich davon habe, antworte ich Ihnen, dass ich weder das eine gemacht habe, noch dass ich glaube, dass sie sich von mir abwenden. Wahre, reine Liebe würde das nicht machen.

Was aber würde sie machen? Sie würde einfach weiter da sein und mich auch „sein lassen". Ich glaube nicht, dass sie in mein Leben eingreifen würde. Wenn ich um Hilfe bitte, verzweifelt einen Ausweg suche, Hilfe bei Entscheidungen brauche, damit ich nicht aus dem Gefühl der Angst heraus handle – dann ist sie da: die Liebe. Sie ist kein Wesen für mich, sondern ein Seins-Zustand. Ob sie ein lila, ein rosa oder ein hellblaues Licht verbreitet, das kann jeder sehen, wie er will.

Was das nun mit einem scheinbar sinnlosen Leben zu tun hat? Ich glaube nicht, dass die Liebe Probleme hat, dass sie einfach nur DA ist. Ich glaube auch nicht, dass es ihr dabei langweilig ist, oder dass sie sich ständig hinterfragt. Auch glaube ich nicht, dass sie sich Gedanken darüber macht, ob sie mehr aus sich machen müsste oder wie sie ausschaut. Wenn Sie glauben, dass sie schon einmal einen Engel gesehen oder gespürt haben, was hat der Engel denn gemacht? Fanden Sie nicht einfach seine Präsenz wunderbar? Nur diese Präsenz hat Sie vielleicht in ein wunderbares Gefühl getaucht. Wenn ich als Kind krank war, tat es mir einfach schon gut, wenn meine Mutter bei mir war – da war. Woher wollen Sie wissen, dass es der Erde mit Ihnen nicht genauso geht und dass Ihre Aufgabe einzig und allein darin besteht, HIER zu SEIN?

Gegen diese Einstellung lässt sich sicher viel einwenden. Es wäre ja alles andere als befriedigend und, das könnte „es" doch nicht gewesen sein. Ich kann nur von mir sprechen, mir hat diese Einstellung geholfen und sehr viel Druck von mir genommen. Meine niederdrückenden (depressiven) Stimmungen ließen erheblich nach. Ich suche nicht mehr nach meiner „wahren Berufung". Das ist ja mittlerweile auch zu einem der Eso-Kampagnen geworden: „Vom Beruf zur Berufung!" Für mich hat das manchmal eher mit „Leistungsdruck oder -zwang" zu tun als mit „Lebenshilfe" insbesondere wenn dann noch in diesem Zusammenhang über die Erfüllung eines „Seelenplans" gesprochen wird.

Ich habe Ihnen am Anfang schon gesagt, dass ich nicht glaube, eine „Seele" zu haben. Auf jeden Fall nicht so etwas, was durch die Inkarnationen wandert und falls sie etwas falsch gemacht hat, das im nächsten Leben wieder gut machen oder büßen muss. Der Glaube an eine Seele würde mich schon mal dazu verleiten, zu beurteilen. Ich musste leider schon öfter hören, dass Behinderungen oder schwere Krankheiten mit Un-Taten aus früheren Leben zu tun hätten. Also ehrlich, schlimmer geht es nicht, oder? Statt mit solchen Äußerungen auf andere mit dem Finger zu zeigen, sollten sich diejenigen diesen besser wo anders hinstecken oder einfach nur Nase bohren. Letzteres finde ich auch besser, als nach einer möglichen Vergangenheit rum zu suchen. Fast jeder, der sich mal „rückführen" hat lassen und mir davon erzählt hat, war unter anderem auch mal Pharao oder Pharaonin – vorzugsweise Cleopatra – oder so was in der Art. Mal ehrlich, so viele Pharaonen oder Pharaoninnen, kann es doch im alten Ägypten gar nicht gegeben haben. Ich bin während einer Rückführung übrigens auch mit einer schwarzen Perücke Palaststufen hinaufgelatscht. Das Bild kam, als ich wissen wollte, warum ich mich partnerschaftstechnisch nicht so leicht tue. Angeblich habe ich da einen meiner Liebhaber (irgendwann hatte ich sogar mehrere – das hätte mich schon stutzig machen müssen …) ins Verlies gesperrt, weil er über unser Techtelmechtel zu viel getratscht hat. Bei einer anderen Rückführung wollte ich wissen, was mich in meinem beruflichen Fortkommen denn so blockiert: ich sah mich in einem unvorteilhaften Kleid an einen Pfahl gebunden. Ich sollte erschlagen werden. Das mit den Rückführungen habe ich dann gelassen. Wer weiß, warum so viele glauben, die schöne Nilkönigin gewesen zu sein. Vielleicht war Cleopatra einfach eine multiple Persönlichkeit? Oder es ist einfach etwas dran, dass wir alle ein gemeinsames Bewusstsein haben, dass wir alle miteinander verbunden sind: Was eine Frau Pharao mal erlebt hat, erlebe ich auch und ist in meinem Sein verankert …

Wenn man der Seelenplan-Theorie allerdings folgt, dann hätte die Seele der Pharaonin einige Dinge mit ihr hier auf der Erde vorgehabt. Wenn sie diese nicht gemacht hat, soll angeblich ihre Seele traurig sein und leiden. Dies würde sie auch spüren. Aber halt sanft, so wie eine Seele zu einem spricht. Die Herrscherin am Nil wird also nie so richtig happy in ihren Gemächern rumregieren, wenn sie nicht endlich kapiert, was denn von ihr erwartet würde. Versuchen Sie sich mal in die Lage von so einer ägyptischen Perückenträgerin zu versetzen oder bleiben Sie einfach mal Sie selbst ohne Haarteile. Neben all denen, die etwas von Ihnen erwarten, was Sie machen sollen und wie Sie sein sollen, ist da noch jemand – Ihr „Inneres" – das auch noch eine Vorstellung davon hat, was Sie in Ihrem Leben alles machen sollen, weil Sie nur so wirklich glücklich werden. Ich bin froh, dass ich an keinen „Seelenplan" glaube. Niemand weiß, was für mich „bestimmt" ist, was mich erwartet. Das macht mein Geist, Bewusstsein in jedem Augenblick, den ich lebe, und zwar genauso, wie ich ihn lebe.

Ich war so oft todunglücklich in meinen Jobs. Man sagt schon, das Leben sei viel zu kurz und seine Zeit hier auf Erden nutzen. Ich hatte ständig das Gefühl, sie zu vergeuden und etwas zu verpassen. Dass Zeit auch relativ ist, habe ich während der nicht enden wollenden Arbeitsstunden erfahren. Ich machte mir auch Vorwürfe, dass ich das „Falsche" studiert habe und nun mit dieser Fehlentscheidung leben müsste. Diese Einstellungen trugen einmal dazu bei, dass ich meinen Jobs selbst Fehler machte. Jeder Mensch hat etwas, was ihn ganz furchtbar auf die Palme bringt. Bei mir ist es Fehler machen und dann derentwegen kritisiert werden. Durch meine „Ausstrahlung" habe ich sicherlich nicht zu einem guten Betriebsklima beigetragen, was ich natürlich wieder selbst zu spüren bekam – auch körperlich. Ich litt immer unter Kopfschmerzen und hatte Rückenbeschwerden. Ich hätte gerne etwas gemacht, was wirklich das „Meine" ist. Ich träumte schon als Kind davon, zu schreiben. In der Schule brachten mich die Lehrer auf den Boden der Realität – denn meine Aufsätze waren echt nicht gut. Ein Talent dazu zeigte sich nicht und ich glaube, es lag und liegt auch nicht im Verborgenen. In meiner Not ging ich zu einer Kartenlegerin. Die sagte mir übrigens auch, sie würde mich nicht im Verlagswesen sehen. Der Ausdruck verwirrte mich etwas, denn ich wollte ja keine Bücher verlegen, sondern schreiben. Oder meinte sie, mein Geschreibsel würde nie verlegt? Sie sah dagegen etwas, was ich auch versuchte, zu machen und was dann absolut in die Hose ging. Ich sollte Taschen, Schuhe und Schmuck in Afrika fertigen lassen und sie in Deutschland verkaufen.

Ich habe viel Geld verloren, dafür aber an Erfahrungen gewonnen, aber auch immer mehr Druck in mir aufgebaut. Heute weiß ich, dass aus diesen Gefühlen heraus das „Richtige" zu finden – falls es das überhaupt gibt – unmöglich ist. In mir herrschte Unzufriedenheit mit mir selbst, Verzweiflung, Wut auf mich und alles sowie Angst, dass ich „es" einfach nicht schaffen würde. Dann hatte ich auch noch Angst vor dem lieben Gott. Ich jammere vor mich hin, wo es mir doch im Vergleich zu anderen so gut geht. Diese Undankbarkeit würde er sicher bestrafen. Ich hatte damals noch eine andere Vorstellung von Gott –„lieb" war der eigentlich nicht. Bestraft habe ich mich nur selbst.

Ich habe gelernt, dass unter diesen Umständen Entscheidungen „aus dem Bauch" heraus, genau das bringen, was in mir steckt. Zu vernünftigen Denken ist man mit einem derartigen innerlichen Chaos auch nicht fähig – die Chemikalien, die man innerlich abfeuert, tun das Ihrige dazu … Ich wollte nur weg und bin es dann auch.

Ich konnte meine Mutter dazu überreden, ein Haus in Italien zu kaufen. Wie oft ist mir in schlaflosen Nächten durch den Kopf gegangen, ob es „richtig" war, ob wir alles „richtig" gemacht haben, wie und wo was falsch gelaufen ist. Nach meiner damaligen „esoterischen Weltsicht" hätte alles ganz leicht laufen und sein müssen. Denn Dinge, die einem „bestimmt" sind, oder die „richtig" sind, sollen nach dieser Theorie wie von selbst gehen. Das taten sie ehrlich gesagt nicht … und wieder zeigte sich mein alter Druck. Die Dinge hätten gar nicht leicht gehen können – ich war nicht darauf „geeicht". Ich war angetrieben von dem Wunsch, dass nun alles endlich „besser" wird. In mir war aber alles andere als „gut". Ich war mir meiner nicht „sicher". Was ist los mit einem selbst, wenn man denkt, es wird schon alles klappen – Augen zu und durch? Ich habe erkannt, dass es wenig Sinn macht, auf sein Gefühl zu vertrauen, wenn hinter den Entscheidungen das Gefühl der Angst steht. Der Verstand zeigt einem schon, dass er etwas unsicher ist: ein „es wird schon gut gehen!", bedeutet nicht unbedingt", dass man „sicher" ist, mit dem, was man vorhat. Es geht aber gerade darum, dass man sich zumindest im Zeitpunkt der Entscheidung sicher ist, etwas zu tun oder zu unterlassen. Die Zukunft kann man nicht genau vorhersehen, weil sie eine unendliche Zahl an Möglichem ist. Nichts ist also so richtig „sicher". Auf sein Herz hören ist auch nicht ganz so leicht, wenn man „gestresst" ist. Da schlägt es nämlich meistens schneller. Dinge, die man halbherzig macht, zeigen sich auch so. Ich versuche Herz und Verstand zusammenzubringen – sagt einer von beiden: „nein" zu etwas – dann lasse ich es wohl besser. Zugegeben das mache ich natürlich auch nicht immer. Aber ich habe zumindest erkannt, dass ich mich nicht zu wundern brauche, wenn die Dinge dann nicht so laufen, wie ich es mir wünsche … Meine Zweifel machen nämlich noch etwas anderes: ich sehe das

Ergebnis meiner Taten auch nur „halb": das, was nicht funktioniert hat …

Ob ich jetzt glücklich bin? Ich kann zumindest sagen, dass ich weiß, was das ist und wie es so ungefähr geht. Ich schreibe gerade an meinem zweiten Buch. Ich wünsche mir natürlich, dass es gelesen wird. Und noch viel mehr wünsche ich mir, dass meine Gedanken jemanden helfen und neue Impulse geben. Mein Selbst hat während eines Channelings zu mir gesagt, dass ich keine Schriftstellerin wäre. Es wäre nicht mein „Ding". Stimmt! Formulieren fällt mir nicht leicht. Ich verliere sehr leicht den roten Faden. Mein Deutsch ist nicht das Beste. Und ich verwende Ausdrücke, die in einem Buch und auch woanders eigentlich nichts verloren haben. Meine Geschichten sind sicherlich nicht superspannend. Ich rede allerdings sehr gerne viel und schnell. Ich schreibe keine Bücher, sondern versuche, mich mit Ihnen zu unterhalten. Wenn ich das nicht mache, bin ich einfach mal da, wo ich bin. Wenn man so will, hat mich mein „Weg Wollen" zum „Da Bleiben" gezwungen.

Meine Mutter würde mich sicher als alles andere als einen Engel bezeichnen. Wenn ich allerdings mal nicht zu Hause – nicht da – bin, ist sie etwas unruhig. Es passiert dann auch sehr oft etwas. Entweder fällt ohne ersichtlichen Grund der Strom aus, es kommt kein Wasser, dafür lässt meine Solaranlage Dampf ab oder der Türgriff bricht ab, sodass meine Mutter samt ihrer Hunde eingesperrt ist. Meine Hunde sind übrigens nicht so glücklich, wenn ich nicht da bin. Sie wollen dann auch nicht richtig fressen oder Gassi gehen. Meine Mutter meinte, es wäre eine Stimmung wie in einem Trauerhaus. Auch eine Freundin, die mir ab und wann im Haus hilft, meinte, es wäre sehr leer ohne mich. Nun, irgendwas muss meine „Präsenz" scheinbar machen – ich mache auf jeden Fall nichts „Besonderes".

Wenn Sie sich „sinnlos" fühlen, versuchen Sie, sich einfach mal in Ruhe zu lassen, sich „sein zu lassen". Denken Sie sich, dass Sie nichts „besonderes" sein oder machen müssen – sie sind einfach nur „da". Das ist Ihre „Aufgabe": ein irdischer Engel sein. Sie denken sich vielleicht jetzt, dass es da aber im Leben so einige Dinge gibt, die einem nicht gerade „beflügeln". Es ist ein ewiges Hin und Her oder ein rauf und runter. Man könnte ja glücklich und zufrieden sein, wenn einem der oder das „andere" in Ruhe lassen würde. Über diesen „energetischen Schlagabtausch" möchte ich gerne in den nächsten Kapiteln mit Ihnen sprechen. Wenn man sich nicht wohlfühlt, oder aus einem Tief nicht rauskommt oder eben einem Dinge immer wieder passieren, fragt man sich natürlich nach dem Grund.

Ein paar „Gründe", die in einem selbst liegen, habe ich Ihnen bereits versucht aufzuzeigen. Ein paar Ursachen für mein „Un-Wohl-Befinden" habe ich im „Außen" gesucht. Lassen Sie mich dies gleich vorausschicken: aber nie gefunden! Am Anfang meiner Suche stieß ich auf etwas, das man Glaubenssätze nennt. Diese Glaubenssätze sollen verantwortlich sein, dass ich „unbewusst" das ihnen entsprechende Programm abspielen lasse?

Das volle Programm der Glaubenssätze

Es heißt, dass der Glaube Berge versetzen kann. Es soll Menschen geben, die laufen über glühende Kohlen und verbrennen sich nicht, weil sie glauben, dass dem nicht so sein wird. Ich würde allein schon, wenn ich davor stünde, Blasen an den Füssen bekommen. Glauben ist nicht Wissen. Der Unterschied liegt darin, dass man bei Glauben eine Widerlegung des Geglaubten offenlässt. Unter Wissen versteht man eine gerechtfertigte Meinung. Bei religiösen Angelegenheiten soll auch noch der Wille zum Glauben hinzukommen[10]. Mein Selbst bezeichnete bei einem Channeling das Glauben, als „bewusst Wissen". Also kein Wissen, das auf Erfahrungen beruht, sondern auf der Ebene des (All-)Bewusstseins, eines schöpferischen Geistes ansetzt. Nur so kann ich mir vorstellen, dass manche Menschen aus ihrem Glauben heraus, scheinbar Unmögliches „schaffen". Es gelingt die Verbindung zur höchsten Kraft oder Energie. Nur so kann ich mir auch „Spontanheilungen" oder andere „Wunder" erklären.

Im Gegenzug kann einem ein „Nicht-Glauben" auch ganz schöne Steine in den Weg legen. Gegen ein „Ich glaube nicht, dass ich das kann!" ist man fast „machtlos". Dennoch ist auch hier die Verbindung zum eigenen „schöpferischen" Geist da. Meistens kommt es auch so, dass man etwas dann tatsächlich nicht kann und sich an glühenden Kohlen verbrennt. Wie wunderbar ist es doch, wenn man an sich selbst „glaubt"! Was da an schöpferischer Kraft „zurückkommmt" …

Vielen von uns fällt das „An-Sich-Selbst-Glauben" allerdings schwer, weil man (auch) an andere Dinge „glaubt". Etwas, das man erleben

---

[10] Vgl. http://de.wikipedia.org/wiki/Glauben.10.06.2015

oder hören musste, kann sich in einem „verankern". In der Eso-Literatur wird dieses Phänomen als Glaubenssatz bezeichnet. Es sind Lebensregeln oder scheinbare „Lebensweisheiten", die man für wahr hält[11]. Bekam man als Kind keine Schokolade, weil man nicht „brav" war, könnte sich daraus ein: „Du verdienst es nicht!" ergeben. So ein Satz, den man irgendwo im Hinterkopf hat, soll für manches, was im Leben schiefläuft verantwortlich sein. Bitte sehen Sie mir nach, dass ich nicht die Quelle (Buch oder Seminar) zitieren kann, wo ich folgende diese Aussage gehört oder gelesen habe. Ich erinnere mich nicht mehr ... Es wurde erklärt, dass ein „Ich verdiene, es nicht", sogar dazu führen kann, dass man sich Jobs sucht, bei denen man nicht viel verdient, weil man „es" – in diesem Fall das Geld – nicht „verdient" etc.

Ich kann mir das nur so erklären, dass ein Erlebnis eine Art „Erstarrungsmodus" hergerufen hat. Sie erinnern sich sicherlich, es ist ein von der Natur aus vorgesehene körperliche Reaktion auf Gefahr. Das Kaninchen läuft vor der Schlange nicht weg, da die Körpersysteme „abschalten" und es harrt seinem Schicksal. Es empfindet „nichts" mehr. Es ist eine Art Schutzmechanismus des „Lebens" – ebenso wie Weglaufen oder Angreifen. Im Laufe des eigenen Lebens hat man sicherlich einige dieser „Schocks" gehabt ... Ich sehe in so einem „Glaubenssatz" nicht zwangsläufig etwas „Negatives" – sondern eher einen Schutzmechanismus. Wenn man als Kind eine Schokolade nicht bekommen hat, weil man irgendetwas „falsch" gemacht hat, tut das sicherlich weh. In diese Situation möchte man nicht mehr kommen oder diesen „Schock" nicht mehr erleben. Man bastelt sich vielleicht ein „falsches" Weltbild zusammen, um nicht mehr verletzt zu werden. Es könnte doch durchaus sein, dass einem das „Du verdienst es nicht!" vor eigenen Forderungen schützen möchte, die

---

[11] Vgl. http://nlpportal.org/nlpedia/wiki/Glaubenssatz.10.06.2016

nicht sehr leicht erfüllt werden und damit auch vor „Enttäuschun-
gen". Ob dies nun richtig oder falsch ist, denke ich, ist nicht von
Bedeutung. Eine Wertung oder Beurteilung eines Glaubenssatzes
bringt einem nicht weiter. Er geht davon sicherlich schon mal nicht
„weg". Ich habe mich natürlich auch oft gefragt, welche Sätzchen
sich da bei mir „eingebrannt" haben und mir das Leben „schwer"
machen …

In Esokreisen habe ich oft gehört, dass man diese Sätze „löschen" soll
und sogar kann. Ich „glaube" beides nicht. Ich „glaube", dass wir
hier auf dieser Welt sind, um Erfahrungen zu sammeln – sich selbst
zu erkennen, als das, was man eigentlich ist. Wäre so ein Satz einfach
nicht mehr „da", wäre ich um eine Erfahrung gebracht. Weiterhin
„glaube" ich, dass so eine Löscherei – sollte sie möglich sein – ziemlich zeitintensiv werden würde. Unser Leben ist voll dieser „Lebensweisheiten". Ich nenne sie auch „Programmierungen". Wenn man als
Kind nicht „brav" ist, bekommt man „nichts" oder sehr viel, nämlich
die Ohren lang gezogen. Es ist auch das „ohne Fleiß kein Preis" oder
„von nichts kommt nichts". Man lernt, dass man sich den Erwartun-
gen und Vorstellungen anderer gegenüber konform verhalten muss,
um gemocht zu werden. Es ist in unserem „Programm" als Mensch,
von möglichst vielen gemocht zu werden. Es sicherte über Generationen hinweg auch das Überleben von Menschen! Machte man etwas
„falsch", konnte das einem buchstäblich den Kopf kosten. Wurde
man von der Familie oder gar vom seinem gesamten Volk verstoßen,
war es sicherlich mit einem „leichten" Leben vorbei. Gemocht werden ist immer an die Erfüllung von Bedingungen gekoppelt gewesen
und ist es bis heute noch. Auch sich selbst mag man leider immer
nur, wenn man alles „richtig" macht …

Ein weiterer Glaubenssatz, den wir alle kennen und, der uns durchaus bewusst ist, heißt: „Der Stärkere gewinnt!" Er ist in uns allen auf
die eine oder andere Art verankert. Sei es, weil wir es selbst erlebt

haben bei einer Prügelei auf dem Schulhof, oder weil es sich über die Generationen hinweg in uns manifestiert hat, da unsere Vorfahren diese Erfahrung gemacht haben. Fragen Sie sich mal, was dieser Satz für Sie bedeutet. Schwachsein ist nicht ok? Nur keine Schwäche zeigen? Fällt daher das Nachgeben so schwer, weil man es mit „Schwäche" gleichsetzt? Ich habe mich gefragt, warum ich gerne Erfolg hätte und kein „Versager" sein möchte. Bei mir endete das Ganze, weil ich eben kein „schwacher" Mensch sein möchte. Der geht nämlich unter. Wo dieses „unten" ist, habe ich mich weiterhin gefragt. Denn „oben" bin ich scheinbar auch nicht. Ich habe mich dann etwas in die Definition von Stärke verstrickt. Stark sein bedeutet ja auch, zuzulassen, dass man mal schwach ist und so weiter. Ich kam dann auch auf die Sache, dass der Klügere nachgibt. Wie ich es aber hindrehe, sobald ich mich umsehe, sehe ich wieder, dass der „Schwache" keine guten Chancen hat. Ist das jetzt richtig so? Was ist gerecht? Fragen Sie mal einen richtig Reichen, wenn er die Hälfte seines „schwer verdienten" Geldes an Bedürftige aus Gründen der sozialen Gerechtigkeit abgeben soll. Wäre das so, als wie, wenn man den Löwen bitten würde, keine Gazelle mehr zu fressen? So ist es einfach in der Natur: „Fressen und gefressen werden!" Das Recht des Stärkeren?

Ich habe diesen Glaubenssatz als Beispiel genommen, um Ihnen zu zeigen, wie schwierig es sein kann, sich von Überzeugungen zu lösen. Etwas loszulassen, an das man „glaubt" – sei es nun bewusst oder unbewusst. Viele der „Glaubenssätze" begegnen uns Tag für Tag und erweisen sich immer wieder als „wahr". Wir wissen alle, dass zum Beispiel Geld (allein) nicht glücklich macht. Regiert es aber nicht die Welt? Fragen Sie mal jemanden zu diesem Thema, der jeden Tag schauen muss, wie er oder sie über die Runden kommt. Vielleicht denken Sie, auch ein Super-Reicher kann unglücklich und unzufrieden sein. Weil man nie genug haben kann?

Wahrscheinlich geht es Ihnen wie mir: ich möchte nicht diesen „Programmen" ausgeliefert sein. „Ich" möchte „mich selbst" bestimmen. Die Menschheit hat großartige wissenschaftliche Errungenschaften zuwege gebracht und hat es angeblich geschafft, auf dem Mond spazieren zu gehen. Aber Prozesse, die in uns ablaufen, können sich unserer Kontrolle entziehen. Das klassische Beispiel: Versuchen sie die nächste Minute, nicht an einen rosaroten Elefanten zu denken! Und? Oder versuchen Sie mal Ihren Herzschlag herabzusetzen oder nicht mehr zu atmen. Ok, es soll Menschen geben, die das können … Was soll man aber machen, wenn einem ein paar dieser „Programme" das eigene Leben schwer machen? Löschen ist meiner Meinung nach nicht möglich, denn dann müsste man letztlich den gesamten Erfahrungsschatz der Menschheit ausradieren. Das würde wiederum bedeuten, dass wir alle wieder von „vorne" beginnen müssten. Ich bin eher dafür, so weit zu kommen, dass man diese Programme nicht mehr „braucht". Sie einfach nicht mehr benützt. Wie bei dem Thema die „Einstellung" ändern, geht man auf eine andere „Frequenz".

Jeder hat bestimmt so seine Methode mit den Dingen umzugehen. Ich habe eine für mich gefunden, die für mich funktioniert hat. Ich komme aus einer sehr leistungsorientierten Familie. Von „Natur aus" bin ich eher faul. Dass „von nichts auch nichts kommt" und es „ohne Fleiß keinen Preis" gibt, ist ziemlich fest bei uns verankert. In der Schule hatte ich keine guten Noten in Erdkunde und Geschichte. Diese beiden Fächer hatten für meine Mutter nichts mit Intelligenz zu tun, sondern mit Faulheit. Für mich hatten sie allerdings durchaus was mit Intelligenz zu tun – ich fand sie blöd. Ich kann Ihnen nur sagen, dass ich sehr „fleißig" sein musste, um in diesen Fächern zu guten Noten zu kommen. Bis heute erlaube ich mir nur, richtig faul zu sein unter einem „Vorwand". Es macht mir ein schlechtes Gewissen, einfach nur faul herumzuliegen. Mein Lieblings-Vorwand war und ist es (allerdings nicht mehr ganz so oft), dass ich nicht so gut beieinander bin und mich besser ausruhen sollte, damit ich nicht wirklich krank werde. Mein Körper hat sich darauf super gut „eingeschwungen" – mir war und ist es manchmal noch nachmittags etwas übel. Ich bin dann in einem Zustand zwischen nicht fit und nicht krank. Etwas nachmittags und abends zu „tun", fiel mir sehr, sehr schwer. Faul sein ist für mich schlecht, und das wurde es mir dann eben auch, wenn ich faul sein wollte. Verstehen Sie den Mechanismus? Ich mag mich, wenn ich fleißig war, wenn ich einiges „geschafft" habe. Ich setzte mich daher auch leicht unter „Druck". Kopfweh hatte ich auch sehr oft.

Hilfe fand ich durch die klassische Homöopathie und auch durch das Super-Placebo. Geholfen hat mir allerdings kein homöopathisches Mittel, das „nur" für Übelkeit und Kopfweh geeignet ist, sondern eines, das meinen Charaktereigenschaften entspricht und daher auch auf der mentalen Ebene arbeitet. Mehr zu der Wirkungsweise der homöopathischen Mittel möchte ich Ihnen später erzählen. Es hat Folgendes mit mir gemacht: Ich bin immer schon zwischen drei und vier Uhr morgens aufgewacht und hatte Schwierigkeiten wieder einzuschlafen. Meistens erst dann, wenn es wieder Zeit war, aufzustehen. Ich denke, das Mittel hat mir Mut gemacht, einfach mal um diese frühe Zeit aufzustehen. Ich bin morgens um vier Uhr geistig relativ wach. Ich habe daher angefangen, um diese Uhrzeit Dinge zu machen, die zu dieser „Verfassung" passten, wie beispielsweise mich mit homöopathischen Studien beschäftigen, energetische Blockaden bei meinen Freunden oder Tieren finden und so weiter. Ich war total begeistert von mir. Wenn andere Menschen erst aufstehen, habe ich schon einiges „erledigt". Ich glaube, durch diesen Motivationsschub, ging meine Nachmittagsübelkeit auch wie „von selbst" weg. Sollte es mir nachmittags mal schlecht werden, dann nehme ich meinen Super-Placebo. „Seltsamerweise" mache ich jetzt nachmittags auch viel lieber etwas – allerdings eher körperlich. Das ist dann für mich die Zeit zum Rasenmähen, Haus- und Gartenarbeit und vor allem für meine Tiere. Abends bin ich dann natürlich schon eher müde und ich gehe auch früh ins Bett. Ich habe mich und meinen Körper besser verstanden und habe gelernt auf unsere Bedürfnisse einzugehen. Ich liebe mittlerweile meinen Tagesablauf und das trägt schon sehr viel zu meinem Wohlbefinden bei. Und wieder „seltsamerweise" gelingt es mir immer häufiger, morgens sogar etwas länger zu schlafen.

Ich weiß, dass dieses eben dargestellte Problem, eigentlich lächerlich ist. Wahrscheinlich denken Sie sich, wenn die sonst keine Sorgen hat ... Aber es schien mir geeignet, Ihnen zu zeigen, dass man eben mit „kleinen Dingen" anfangen und üben kann, dann geht es bei den „großen" später auch leichter. Ich habe in den vorigen Kapiteln geschrieben, dass man mit der eigenen „Ausstrahlung" scheinbar auch so einiges „anzieht". Mein Unwohlsein gegen Nachmittag, das bis abends anhielt, schien auch dazu zu führen, dass ich immer um diese Zeit „gestört" wurde. Ich wollte einfach meine Ruhe haben und immer kam jemand vorbei oder „etwas war". Das machte mich dann buchstäblich noch mehr sauer. Ich kann Ihnen nicht einmal sagen, ob ich jetzt um diese Uhrzeiten nicht mehr „gestört" werde. Falls jemand kommen sollte oder etwas wieder ist, „stört" es mich nicht mehr so.

Ich habe viel ausprobiert, um gegen die Übelkeit anzukommen. Ich habe gedacht, dass ich vielleicht bestimmte Nahrungsmittel nicht vertrage und so weiter. Nichts hatte geholfen. Ob letztlich ein Glaubenssatz dafür verantwortlich war, weiß ich nicht. Es ist möglich, dass Ursachen im Außen oder in der Vergangenheit zu finden sind. Gelöst werden können Sie auch nicht dadurch, dass man versucht die Umweltfaktoren zu ändern. In meinem Beispiel wäre es so, als wollte ich versuchen, meine Erziehung rückgängig zu machen oder zu verhindern, dass mich jemand oder etwas stört. Es hat auch nichts gebracht, als ich nur homöopathische Mittel genommen habe, die nur für das Problem „Übelkeit nach dem Essen, nachmittags etc." waren. Es ging darum, das „Programm" nicht mehr zu benützen. Der erste Schritt ist, sich den Dingen nicht entgegen zu stellen, sich zu wehren. Widerstand bewirkt, dass man genau auf dieser Schiene oder „Welle" bleibt. Man kann weder „richtig" denken noch „fühlen". Ich kann meinen Charakter nicht in der Art ändern, dass ich zu einem fleißigen Lieschen mutiere oder zu einem Faulen ohne schlechtes Gewissen. Allein die „Gunst der (Morgen-)Stunde" genützt zu haben, hat dazu geführt, dass ein anderes „Programm" in mir abläuft. Es gibt noch sehr viele Verhaltensmuster, die mir an mir nicht gefallen. Ich versuche allerdings nicht mehr, sie zu ändern, sondern „andere" zu finden, die mir besser passen. Diese „neuen" Programme sind alle bereits in mir – so wie alles in einem ist. Man muss „sie" nur finden …

Einen Weg für „Neues" zeigt Ihnen genau das „Programm", das sie nicht mögen. Ich bin gerade dabei, nicht mehr bei der kleinsten Kritik in die Luft zu gehen. Der erste Schritt auch hier ist, dass ich mich bemühe, nicht den Kritiker abzulehnen oder schlecht über ihn zu denken oder gar über ihn zu sprechen. Ich versuche mich nicht „RECHT zu fertigen". Das ist gar nicht einfach. Es gelingt mir noch nicht immer … Die Gedanken oder Gefühle hinter so einer meiner „Explosionen" sind sicher Angst vor Ablehnung, mangelndes Selbstwertgefühl, Unsicherheit und so weiter. Vielleicht auch ein paar Glaubenssätze wie: „Du bist einfach nicht gut genug!", oder ein: „Du verdienst es nicht!"

Ich habe erkannt, dass ich selber eine krittlige Schnepfe bin. Ich habe gerne etwas an anderen oder mir selbst auszusetzen. Ich bin also voll auf der „Kritikwelle". Um von dort weg zu kommen, bleibt mir nur übrig, anderen gegenüber mehr Verständnis aufzubringen und sie „sein zu lassen" und auch nicht an mir selber und dem Lauf der Dinge ständig rumzunörgeln. Das geht nicht von heute auf morgen. Sollte mir wieder so ein „Ausrutscher" passieren, dann versuche ich mich zu trösten und mich nicht deswegen zu kritisieren und ich nehme ein paar Tropfen vom Super-Placebo. Unterstützung bei dieser „Programm-Umstellung" fand ich auch hier wieder in einem homöopathischen Mittel. Ich beschäftige mich schon längere Zeit mit Homöopathie und habe über 3 Jahre einen Kurs hier in Italien besucht. Das „richtige" Mittel zu finden, ist nicht so einfach (mehr dazu erfahren Sie im Kapitel zu Homöopathie). Falls Sie homöopathische Unterstützung bei Ihren Prozessen haben möchten und nicht die Zeit haben, sich intensiver mit dieser Materie auseinanderzusetzen, würde ich Ihnen den Gang zu einem Homöopathen empfehlen.

Ich bin bei der letzten Mittelauswahl sehr tief in mich gegangen: Meine heftigste Kritikerin ist meine Mutter. Sie sagt mir sehr deutlich, wie ich sein kann, wenn mir etwas oder jemand gegen den Strich geht. Dieses Verhalten habe ich mir genauer angeschaut und auch meine entsprechenden Gefühle und Gedanken. Ehrlich gesagt war es nicht so schön, was ich da so gesehen habe. Ich habe ein homöopathisches Mittel gefunden und genommen, dass genau meine emotionale Verfassung im Arzneimittelbild unter den mentalen Symptomen aufführt. Wie durch ein „Wunder" wurde meine chronische Darmerkrankung um vieles besser. Sie ist noch nicht ganz „weg". Genauso wie ich auch immer noch auf der Frequenz „Ablehnung von Kritik" bin. Ich habe so viel ausprobiert und gemacht, um meinen Durchfall „loszuwerden". Ich habe entgiftet, Diäten gemacht, mich energetisch behandeln lassen und sehr viele homöopathische Mittel durchprobiert. Es half nichts. Ich musste wirklich an meine tiefsten Abgründe in meinem Inneren heran. Und „in mir drin" wurde es auf einmal besser ...

Um vorhandene Programme nicht mehr zu benützen, also auf eine andere „Frequenz" zu kommen, können Sie auch folgende Übung machen: sollten Sie aus Ihrer Sicht der Dinge etwas falsch gemacht haben, schimpfen Sie sich nicht. Sagen Sie sich auch nicht: „Hoffentlich mach ich das nie mehr wieder!" Sie bleiben sonst genau auf dieser Welle hocken. Versuchen Sie wirklich sich zu trösten, wie Sie das mit einem guten Freund machen würden. Nehmen Sie sich geistig in die Arme. Lassen Sie bewusst ihre Gedanken in Ihre Kindheit oder Jugend schweifen. Sie stoßen sofort auf etwas, dass Sie aus heutiger Sicht „falsch" gemacht haben oder sehen Situationen, in denen es Ihnen nicht gut ging. Machen Sie sich keine Vorwürfe für das damalige Verhalten oder für „falsche" Entscheidungen. Finden Sie nette Worte für sich selbst. Sagen Sie dem kleinen Kind, das Sie vielleicht dort sehen: „Hab keine Angst, ich bin immer für dich da – egal was passiert oder kommen mag!" Diese Übung bewirkt, dass Sie einmal langsam Frieden mit sich und Ihrer Vergangenheit schließen. Vergangenes kann Sie dann nicht mehr einfach so „einholen". Auch führt es dazu, dass Sie in momentanen Situationen, die richtigen Worte für sich finden und es Ihnen immer mehr gelingt, bei sich zu bleiben. In Ihrer Mitte.

Ich habe Ihnen ja erzählt, dass ich glaube, dass auch die Zeit nur scheinbar existiert oder wir getrennt von ihr. Ebenso ist ein Ereignis nicht von uns getrennt, sondern man ist es. Wenn Sie sich also gedanklich in Ihrer Vergangenheit helfen, sich beistehen, sich trösten, ist das so, als ob Sie Ihr eigener Schutzengel wären. Wenn Zeit als solche nicht existiert, sind Sie gleichzeitig auch (wieder) Kind, Jugendlicher oder Sie selbst vor einem Tag oder einer Sekunde und hören tröstende Worte, spüren, dass Sie geliebt werden egal, was Sie „angestellt" haben oder wie Sie sind. Diese Worte oder Energie werden Sie langsam auch in Ihrem „Jetzt-Leben" erreichen und zu Ihnen durchdringen.

Eine weitere, etwas schwierigere Übung ist, nicht zu „jammern". Darunter verstehe ich nicht, dass man nicht sein Herz ausschütten soll oder darf. Ich meine damit, dass man versuchen sollte, nicht ständig zu wiederholen, dass es einem einfach nicht gut ginge, man immer wieder in dasselbe Loch falle oder das „es" nie aufhören würde und so weiter und so fort. Damit kommt man sicher nicht auf ein anderes Programm oder auf eine andere Frequenz. Es bleibt die alte Leier … Man bleibt auf der Frequenz „Widerstand" mit all den körperlichen Konsequenzen. Ich kann nur von mir sprechen: ich war und bin schon noch ab und wann ein Jammerlappen. Meine Mitmenschen hören sich das vielleicht ein oder zweimal an, dann sind sie aber auch ziemlich genervt von mir. Das spüre ich dann … Meine Stimmung wird dadurch keinesfalls besser. Atmen Sie tief durch. Atmung ist unser „Druckventil". Pusten sie eine Weile vor sich hin. Lassen Sie Dampf ab. Die Körpersysteme fahren dadurch auch wieder „runter". Wie man aus „Programmen" raus kann, habe ich Ihnen versucht, zu erklären.

Wie ich Ihnen auch bereits gesagt habe, bemühe ich mich, andere mehr „sein zu lassen" und vor allem nicht mehr über andere zu lästern. In dem Moment, wo ich mit dem Finger auf jemanden zeige, richtet derjenige seinen auf mich. Wir sind alle nur scheinbar getrennt – was man anderen antut, tut man sich selbst an. Das ist nicht nur eine moralische Angelegenheit, sondern tatsächlich ein „energetisches" Kräftemessen. Mit was für „Energien" man es da zu tun haben kann und ob dies Konsequenzen für das eigene Leben haben, ist Thema der nächsten Kapitel. Zunächst versuche ich, etwas Licht in das Thema „Dunkelheit" bringen.

Über das Dunkel ist gut munkeln

Bitte entschuldigen Sie diese flapsige Überschrift eines sehr ernsten Themas: die Angst vor der Dunkelheit und vor allem, was man mit ihr verbindet: sogenannte „negative Energien". Für mich ist dieses Thema sehr, sehr wichtig. Denn was in manchen „esoterischen Fachkreisen" dazu so von sich gegeben wird, lässt mir die Haare zu Berge stehen … Leider wird sehr oft statt Licht in einige Dinge zu bringen, Angst verbreitet. Mit der Überschrift des Kapitels möchte ich Ihnen gleich zu Anfang vermitteln, dass ich bemüht bin, Ihnen eine andere Einstellung zu zeigen. Sie erinnern sich vielleicht, dass ich einem vorigen Kapitel über das Thema, die „Einstellung einfach ändern", gesprochen habe. Wenn man von Energien spricht, seien es ob nun positive oder negative, geht es letztlich nur um „Frequenzen". Mit Änderung der „Einstellung", begibt man sich auf eine andere „Welle". Ich hoffe, dass Sie jetzt nicht denken, beim Weiterlesen genau auf eine Frequenz zu kommen, auf die Sie gerade nicht hin möchten – ganz nach dem Motto: „Wenn man vom Esel spricht, dann schreit er!" Ich weiß, Sie kennen mich nicht. Sie könnten sich natürlich fragen, auf welcher Seite ich stehe: der „guten" oder der „schlechten". Ich antworte Ihnen: „Ich stehe auf Ihrer Seite!" Denn meinem Glauben nach sind Sie und ich „eins". Wenn es mir gelingt, Ihnen durch mein Geschreibsel vielleicht sogar ein wenig zu helfen, dann schubse ich mich gleichzeitig auch etwas an. Ich hoffe natürlich in die „richtige" Richtung … Obwohl, eine absolute Trennung zwischen „richtig" und „falsch" soll es ja nicht geben. Die Unterscheidung ist durch unser duales System bedingt. Ebenso ist die Trennung zwischen hell und dunkel oder gut und schlecht nur scheinbar. Genauso ist die Dunkelheit nicht nur schlecht – sogar für die Gesundheit. Um das Schlaf fördernde Melatonin zu produzieren, braucht es die Zirbeldrüse finster. Vielleicht nehmen Schlafstörungen deshalb zu, weil es durch die Straßenbeleuchtung insbesondere in Städten eigentlich nie mehr richtig dunkel wird? Um zu erkennen, was Licht eigentlich ist, brauchen wir auch das scheinbare Gegenteil. Ich nenne es scheinbar, weil auch hell und dunkel aus einer Einheit heraus entstehen oder überhaupt entstanden sind. Nur durch die Trennung können wir beide verstehen.

Was ist „dunkel"?

Aus unserem dualen – trennenden – Verständnis heraus haben wir einen „lieben Gott" und seinen Gegenspieler „erfunden", den wir Teufel, Satan oder Luzifer nennen. Gott ist umgeben von himmlischen Heerscharen, während auf der anderen Seite, eben die anderen sind. Ich wurde katholisch erzogen und mir wurde beigebracht, wenn ich nicht brav wäre, sondern sündige, dann komme ich, wenn ich einmal tot bin in die Hölle, oder schmore im Fegefeuer. Ich komme also nicht in den Himmel, weil mich der Teufel holt. Da ich kein so braves Kind war, hatte ich natürlich vor letzterem Angst, aber auch vor Gott. Er erschien mir nicht so „lieb", denn wenn ich nicht das tue, was er von mir verlangt, dann sieht es ziemlich schwarz für mich aus. Da ich ein Mensch bin, hatte ich auch ziemlich menschliche Vorstellungen von Gott: ein allmächtiges Wesen, das über uns wacht und dass ich ehren sollte. Ein Wesen, von dem man sich aber kein Bild machen darf, weil er so unglaublich ist, dass er für den menschlichen Verstand einfach unerreichbar ist. Ein Gott, der uns den freien Willen überlassen hat, aber dennoch entscheidet, was mit uns geschieht. Ein Gott, der seinen Sohn zu uns geschickt hat, damit er die Sünden der Welt hinweg nimmt und an dem wir uns aber gerade furchtbar versündigt haben. Ich durfte als Kind einen Jesus-Film anschauen. Ich hatte zum ersten Mal begriffen, zu was Menschen fähig sind. Gott sagte in seinen Geboten, was wir tun dürfen und was nicht. Aber wir schaffen es einfach nicht, gut zu sein. Er hat uns aus Liebe erschaffen und wir danken es ihm so dafür? Für mich war klar, dass uns sein Zorn und seine Strafe erwarten würde.

Im katholischen Glauben gibt es das Sakrament der Beichte. Sünden werden verziehen, wenn man sie bereut und dem Pfarrer erzählt. Manche meiner Sünden wollte ich aber einfach nicht erzählen – sie waren mir peinlich. Also trug ich sie weiter mit mir rum und hoffte, dass es nicht so schnell zum jüngsten Tag kommen möge, weil es dann nicht so gut um mich bestellt wäre. Als Teenager denkt man nicht allzu viel an den Herrn. Wenn es mir dann aber nicht so gut ging, fiel mir schon ein, dass da ja noch jemand im Himmel sitzt, den ich vergessen hatte. Wie sollte er denn jetzt meine Gebete erhören …?

In der Schule hört man im Religionsunterricht auch etwas über andere Glaubensrichtungen. Mir gefiel die Idee von Wiedergeburt. Natürlich fand ich auch bei den Religionen, die daran glauben wieder einen Haken: die Karma-Sache. Alles, was ich in diesem Leben verbocke und nicht ins Reine bringe, muss ich im nächsten Leben wieder ausbaden. Es blieb mir also nichts anders übrig, als endlich ein besserer Mensch zu werden und auf den richtigen Pfaden im Leben zu wandeln. Ich habe dann ein paar esoterische Wege eingeschlagen. Auf Seminaren habe ich Händchen haltend mit den anderen Teilnehmern Ringelreia getanzt, damit wir uns positiv einschwingen. Oder wir gingen gemeinsam in die Stille – ich hatte noch nie so viel Hustenreiz wie in diesen Momenten. Statt „Lobet den Herrn" zu singen, summten wir. oaaaam. Es wurde viel geredet über die „göttliche Quelle", die alles durchdringt und alles ist. Aber trotzdem wurde zwischen positiven und negativen Energien unterschieden. Es wurde sogar offen über Dämonen, Besetzungen, verlorene Seelen oder Seelenanteile gesprochen. Glücklich die, welche ihren Geistführer kannten oder guten Kontakt zu den Lichtwesen oder Engeln hatten! Ich gehörte nicht dazu. Ich war nur erstaunt, was manche da alles so sehen und spüren …

Bitte sehen Sie mir nach, wenn ich im Folgenden etwas weit aushole und wahrscheinlich den Anschein erwecke, vom eigentlichen Thema – negative Energien – abzukommen. Mir ist es wichtig, Ihnen zu vermitteln, dass ich mich schon sehr lange mit diesen „Dingen" auseinandergesetzt habe, aber eben nur Schritt für Schritt und langsam „begriffen" habe, um was „es" bei vielen „unbegreiflichen" Dingen eigentlich geht. Vielleicht brauche ich auch deswegen solange, um auf den Punkt zu kommen …

Ich glaube, dass es sehr wohl Dinge zwischen Himmel und Erde gibt, die man mit einer rein wissenschaftlichen Betrachtung (noch) nicht erklären kann. In meinem letzten Buch habe ich Ihnen schon erzählt, dass ich mit zwölf Jahren, einen Wünschel-Ruten-Gänger und seine „Arbeit" kennenlernen durfte. Meine Eltern haben ihn kommen lassen, um unser Haus auf geopathische Störfelder wie Wasseradern, Erdverwerfungen usw. „untersuchen" zu lassen. Ob diese Dinge tatsächlich Einfluss auf unsere Gesundheit und Wohlbefinden haben können, wurde und wird immer heftig diskutiert. Ich glaube daran, dass Orte, geopathische Störfelder oder andere Strahlungen Einfluss auf das Wohlbefinden haben können (dazu mehr im Kapitel „Kraftplätze"). Unser Rutengänger hat sich nach unserem Haus auch unseren Stall und die Pferde „angeschaut". Er meinte dem einen Pferd würde es am Herzen fehlen und der anderen am Hals. Wir haben davon noch nichts gemerkt. Er sagte auch, dass der Stall „nicht gut" wäre. Aber was sollten wir machen? Einen neuen Stall bauen? Die Pferde woanders unterbringen? Wir haben doch gerade umgebaut, damit sie bei uns sein können. Eine Genehmigung für einen neuen Stall hätten wir auch sicher nicht erhalten. Die Bauvorschriften für

Einödhöfe waren damals schon sehr streng. Und nochmals für uns war nichts zu erkennen – die Pferde schienen gesund und munter. Ob der alte Mann diesbezüglich recht hatte, schien uns dagegen zweifelhaft. Nach über einem Jahr legte sich meine Stute hin, als ich aufgestiegen bin. War nicht so lustig, weil ich gerade mein Bein noch unter ihr rausbekommen habe. Der Tierarzt stellte schwere Herz-Kreislauf-Probleme fest. Wieder eine Zeit später bekam die Stute meiner Mutter einen riesigen Abszess am Hals von 15 Zentimeter Durchmesser, der fürchterlich eiterte. Wir haben den Anweisungen des Tierarztes entsprechend behandelt. Er teilte uns aber auch mit, dass sich „das Ganze" ausweiten könnte. Was es auch tat. Die Stute hatte anschließend Probleme im Urogenitaltrakt. Erst dann vielen uns die „Prophezeiungen" des alten Rutengängers wieder ein. Aber was hätte man damals tun können? Wir machten uns viele Vorwürfe und konnten die offenen Fragen nicht beantworten. Auf viele dieser Fragen weiß ich (leider) erst heute eine Antwort.

Es gibt Menschen, die spüren, wie es einem Organ geht, wie es „schwingt". Viele verwenden dazu als Hilfsmittel ein Pendel oder eine Einhandrute. Mit einem Elektro-Enzephalogramm, einem sehr modernen Gerät, ist man mittlerweile in der Lage Hirnstromwellen zu messen, die dann ein Computer aufzeichnet. Unser Oberstübchen wandelt Wahrnehmungen in elektrische Impulse um. Je nachdem wie die Wellen verlaufen, können Rückschlüsse auf Erkrankungen (Tumore, Gefäßverschlüsse) gezogen werden. Ich komme daraufhin zu einer sicherlich völlig unwissenschaftlichen Fragestellung: warum sollte man nicht auch „per Hand" feststellen können, ob ein Organ „richtig schwingt" – oder vielleicht etwas weniger esoterisch – ob zum Beispiel die elektrischen Impulse, die über die Nervenzellen oder Nervenbahnen weitergeleitet werden, „richtig" vom jeweiligen Körpersystem umgesetzt werden? Ich glaube es. Wie zuverlässig oder vollständig diese „Messungen" sind, hängt von den Fähigkeiten der jeweiligen Person ab, die das Pendel schwingt. Menschen machen Fehler ...

Die erpendelten „Belastungen oder Blockaden" sollen angeblich mit „energetischen Heil-Verfahren" – so Gott will – „in Ordnung" gebracht werden können. Ich durfte eines dieser Verfahren erlernen. Kurz beschrieben ging es darum, die Ursachen für ein „Nicht-Wohlbefinden" festzustellen. Das konnte an einer Leber liegen, der es nicht gut ging, weil der entsprechende Meridian nicht richtig lief oder das Zahnsystem belastet war und so weiter. Hatte man alle Ursachen, wurden die „negativen Energien" (in diesem Fall die Belastungen oder Blockaden) ausgeleitet und positive wieder eingeschwungen.

Ich habe bei meiner energetischen Arbeit allerdings festgestellt, dass als letzte Ursache meistens ein psychisches oder „seelisches" Problem stand. Im Falle einer „energetisch blockierten" Leber könte das unterdrückte Wut sein oder aber auch ein Schock oder Trauma bedingt ein Erlebnis in einem bestimmten Lebensjahr. Das Abfragesystem, mit dem ich gearbeitet habe, beinhaltete aber auch unschöne „Belastungsursachen" wie Flüche, unerlöste Seelen-(anteile) und nicht nette magische Dinge. Auch diese „negativen Energien" sollten ausgeleitet, gelöscht, harmonisiert oder was auch immer werden können.

Ich muss zugeben, dass ich von dieser Konzeption begeistert und sogar überzeugt war. Ein Übeltäter war gefunden! Auch bei oder an mir wurden einige unschöne Sachen gependelt und anschließend durch heftiges Drehen oder Fuchteln der Einhandrute „raus- oder weggeschwungen". Endlich glaubte ich zu wissen, warum es mir oft „nicht gut ging" oder ich keinen Erfolg hatte! Ich war überzeugt, es wäre bei diesen „bösen Belastungen" gar nicht möglich gewesen! Heute kann ich dazu nur sagen: „Wer's glaubt, wird selig!" Ich bin es übrigens nicht geworden … Nicht dadurch … Durch keine in diese Richtung gehende energetische Behandlung und vor allem nicht durch meine damalige Sicht der „Dinge". Was war nämlich meine „Einstellung": ich war GEGEN diese „Belastungen" – ich habe ihnen den Kampf angesagt. Ich habe im **Außen** einen Schuldigen gesucht. Was das alles mit einem selbst und dem Körper macht, habe ich Ihnen bereits erklärt. Solange man ein Feindbild in sich hat, kann man nicht „gut" sein. Solange man etwas hasst, kann man nicht friedlich sein.

Auf die „richtige" Fährte hat mich eine meiner Tanten gebracht. Sie arbeitet selbst energetisch und ist für mich eine wahrhafte Künstlerin mit der Einhandrute. Sie hatte bei mir immer wieder allerhand gefunden, was eigentlich schon durch die vorangehenden Behandlungen „weg" sein sollte. Sie meinte zuerst, es würde nicht alles auf einmal weggehen. Es wäre so eine Art Zwiebelsystem: Schale für Schale oder Fluch für Fluch und so weiter. Ich sagte ihr, es kann doch nicht sein, dass ich derart – verzeihen Sie mir den Ausdruck, aber er passt – zugekackt bin mit diesen „Energien"! Dafür müsse es doch einen „Grund" geben. Sie mag mich und empfindet mich daher nicht als „bösen" Menschen, der diese Dinge „verdient" hat. Sie sagte dann aber einen für mich heiligen Satz: Ich würde mir das ganze durch mein negatives Gedankengut wieder anziehen … Ich hatte endlich meine (Er)Lösung! Das machte oder war alles ich! Ein paar dieser Themen möchte ich im nächsten Kapitel genauer behandeln, damit Sie besser verstehen, was ich meine.

Lassen Sie mich Ihnen aber vorab sagen, dass die Angst vor dem Dunklen „normal" ist. Wenn es dunkel ist, sieht man nicht besonders gut. Man stolpert eher über Steine, fällt in Löcher oder tritt versehentlich auf Schlangen. Ich habe Angst vor giftigen Schlangen. Ich mag sie nicht wirklich … Für mich waren sie so, wie für manch anderen negative Energien wie Dämonen, böse Geister. In meinem

Garten gibt es Vipern. Als ich den Vorvertrag zum Kauf meines Hauses hier unterschrieben hatte, wusste ich nicht, dass es in der Toskana „einige" davon gibt. Als ich mit einem Mauerer durch das verwilderte Gelände marschierte, wies dieser mich darauf hin, dass ich aufpassen sollte, wo ich hintrete … Dieser Mauerer wurde übrigens in seinem Garten von einer Viper gebissen und lag eine Woche in einem komaähnlichen Zustand im Krankenhaus. Für Hunde ist ein Biss meistens tödlich. Ich hatte wirklich überlegt, von dem Kauf zurückzutreten. Ich hätte allerdings die Anzahlung verloren. Da sie Mäuse und Ratten fressen, sind sie auch nützlich. Für mich allerdings kein sehr starkes Argument, denn das machen meine Katzen auch. Mir wurde geraten, dass ich mich mit ihnen unterhalten soll. Ich finde Tierkommunikation etwas ganz Wunderbares. Aber ich weiß, dass man Tiere zwar bitten kann, etwas nicht zu machen und meistens sagen sie auch „ja". Aber wie oft habe ich schon versprochen, etwas nicht zu tun und dann habe ich es doch gemacht … Also, für mich keine wirkliche Lösung. Mir wurde geraten, Truthähne im Garten laufen zu lassen. Das funktioniert aber wegen meiner Hunde nicht …

Das Gift der Vipern hilft homöopathisch aufbereitet bei Venenentzündungen. Mein Lehrer für Homöopathie hat einen Mann vor der Amputation seiner Zehen mit dem homöopathischen Mittel *vipera* bewahrt. Ein Argument, das für mich zählt! Sie haben also ihren Sinn, wie alles auf diesem Planeten! Falls eine zubeißen sollte, habe ich ein homöopathisches Mittel zu Hause (*lachesis muta*) – ich hoffe, dass ich nie erfahren muss, ob es bei einem Vipernbiss tatsächlich funktioniert oder nicht. Meine Angst vor den Giftschlagen ist nicht „weg". Auch gibt es kein Mittel, dass die Schlangen „weggehen" oder nie „da sind", aber ich konnte Frieden mit ihrer Existenz schließen. Sollte mich eine beißen, braucht mir allerdings niemand mein Geschwafel von wegen „ich und das Ereignis sind eins", vorlesen. Ich denke, in solchen Situationen ist mir Esoterik ziemlich egal. Aber während der anderen Zeit kann ich meine Gedanken zu mindestens in diese Richtung schweifen lassen. Vielleicht gelingt es mir, meine Einstellungen zu ändern und Schritt für Schritt so weit zu kommen, dass ich auch in schrecklichen Momenten nicht durchdrehe und dass mich nicht die Angst vor schrecklichen Ereignissen blockiert.

Ich bemühe mich das Gras relativ kurz zu halten, damit man die Schlangen zumindest sieht. Auch greife ich (meistens) nicht ohne Handschuhe unter die Büsche, um Unkraut raus zu ziehen. Große Steine und Holzstangen hebe ich nicht einfach auf. Ich schiebe sie erst etwas weg. Diese Vorsicht ist für mich „normal" geworden. Es ist nichts „Schlimmes" mehr dabei. Vielleicht ist irgendwann die „Energie" um mein Haus so, dass Giftschlangen sich hier gar nicht „wohlfühlen"?

Auf dem „spirituellen Weg" wünscht man sich, eines Tages mal „so weit" zu sein, dass man allein durch die eigene „Präsenz" negative Energien in positive Energien „transformieren" kann. Aber das wäre so, als ob man aus einer Viper eine Blindschleiche machen möchte. Und das denke ich würde ein wahrhaft Erleuchteter nicht machen wollen. Ich denke, er würde alles „sein lassen". Er würde seine Aufmerksamkeit – seine Einstellung – ausrichten. Er würde „achtsam" durch den Garten schreiten – also aufpassen, wo er hintritt, wenn er denn überhaupt in so eine „Schlangengrube" gehen würde ... Wenn er einer begegnet, würde er ihr sicher nicht eine vor den Latz hauen, sondern sie ihres Weges ziehen lassen. (Diesbezüglich erkenne ich, dass ich von der „Erleuchtung" noch weit entfernt bin ...) Auch erkennt er auf den ersten Blick, um was für ein Kriechtier es sich handelt: gefährlich oder ungefährlich. (Das unterscheidet mich ebenfalls von ihm.) Es gibt eine Schlangenart, die sieht der Viper sehr ähnlich, ist aber ungiftig. Sie haben andere Augen und einen anderen Schwanz. So genau wollte ich da aber nie hinsehen bis meine Mutter einmal mit einer in einem Kübel ankam. Wie sie die Schlange da rein gebracht hat, möchte ich gar nicht wissen … Wir reden hier von einem über einen Meter langen Kriechtier … Sie wusste aber dass sie ungiftig war, weil sie unten grünlich war. Einer ihrer Hunde hat die Schlange aufgestöbert und sie war mit Bissen verletzt. Da die Hunde dies nicht waren, bewies auch, dass sie ungiftig – also keine Viper – war. Meine Mutter wollte, dass ich die Schlange in mein Bad bringe, damit sie wieder gesund wird. Draußen war es schlangenungemütlichkalt. Mein Vorschlag, die Schlange doch in ihr Bad zu tun, wurde abgelehnt, weil da ihre Hund auch reinkommen. Meine Mutter hat zwei Hunde. Ich habe vier im Haus. Badeverbot haben die allerdings auch nicht … Aber Schlangen haben das! Da geht bei mir nichts! Ich habe der Schlange dafür das homöopathische Mittel *arnica* 1000c verpasst. Das ging ganz einfach: Ich habe die Globulis in einer Spritze mit Wasser aufgelöst. Sobald ihr Zünglein raus kam, kam ein Tröpfchen drauf. Anschließend habe ich den Kübel auf einen Haufen mit Blättern ausgekippt – anfassen ging nicht … Die Schlange wurde mit Stroh zugedeckt und bekam ein Dach aus einem breiten Holzbrett. Am nächsten Tag war sie nicht mehr da. Dass ich mal Schlangen homöopathisch versorge, hätte ich mir nie gedacht. Dicke Freunde werden wir aber sicher nie …

Wie alles in Gottes Schöpfung haben auch Energien, die wir als negativ bezeichnen ihren „Sinn". Es ist so ähnlich wie mit den Schlangen in meinem Garten … Wenn man versucht, sie „wegzumachen", wäre es als ob man ihre Existenzberechtigung infrage stellen würde. Wer kann das beurteilen?

Auch wenn man versucht, negative Energien „wegzuschicken" oder „ zu vertreiben", bleibt für mich die Fragen: wo sollen sie denn hin? Dorthin wo sie hingehören? Und wo soll das sein? Vielleicht geht

Ihnen durch den Kopf: ins Licht! Ich habe mit dieser Vorstellung Schwierigkeiten. Einmal glaube ich, dass die Trennung zwischen „weiß" und „schwarz" nur scheinbar ist. Es ist wie wenn man für eine gewisse Zeit auf einen schwarzen Fleck starrt und dann ein heller Kranz sichtbar wird. Ist der Fleck nun schwarz oder weiß? Oder eben beides? Bei dieser Betrachtung wären die dunklen Energien ja bereits „im Licht". Ich glaube, wenn man das Gefühl hat, dass man von unschönen Kräften heimgesucht wird, hilft die Vorstellung, dass sie nicht zu einem kommen, sondern man sich in ihren „Frequenzbereich" begibt. Die Schlangen sind nicht in „meinen" Garten gekommen, sondern ich nach Italien, dort wo sie sind. Ich möchte sie nicht in meinem Bade- oder Schlafzimmer haben (uaaaaaaaaa …). Aber auch ich bin hier auf dieser Welt nur Gast. Einer Schlange zu erklären, das hier ist jetzt „meins", ist für sie sicher sehr unverständlich …

Es hat einen Grund, warum sogenannte negative Energien „da" sind und man glaubt, sie zu „spüren". Danach sollte man meiner Ansicht suchen. Wenn man den Grund erkannt hat und dort mit der „Heilung" beginnt, dann braucht man die Energien nicht mehr, um zu zeigen, wo es bei einem selbst noch „hakt" – sie stören einen nicht mehr. Ich habe für mich erkannt, dass der Grund für das „Negative" um mich herum immer in mir selbst zu finden ist. Was ich alles auf der Suche so gefunden und erlebt habe, möchte ich Ihnen in den weiteren Kapitel gerne erzählen.

Öl und Wasser

Ich lebe in Italien. Die Italiener sind ein sehr liebes, nettes Volk. Genauso nett oder liebevoll gehen sie mit ihrem „Aberglauben" um. Um Unheil abzuwehren, machen sie „le corne" – d. h. sie halten den Zeigefinger und den kleinen Finger hoch – wie um das Böse aufzuspießen. Wenn einem immer wieder etwas passiert, ist das für sehr viele Italiener ein klarer Fall von *malocchio*. Übersetzt heißt das „böser Blick" oder „Fluch". Die Felder um mein Anwesen gehören einem sehr netten Landwirt. Bei ihm riss es einfach nicht ab. Immer war etwas kaputt: Traktor, Maschinen, Autos. Und er selbst tat sich auch sehr oft weh. Für seine Mutter war dies ein eindeutiger Hinweis auf so ein *malocchio*. Er erzählte mir, dass daraufhin seine Mutter die Sache – besser den Hut – in die Hand nahm. Sie ging zu ihrem Sohn und verlangte nach einem seiner Hüte, um damit zu ihrer Nachbarin, einer älteren Signora, zu gehen. Diese Signora kann nämlich vom bösen Blick befreien. Er erzählte mir weiter, wie man feststellt, ob man vom bösen Blick getroffen oder verflucht wurde. Es wird eine Schüssel mit Wasser auf den Tisch vor die Person gestellt, die vielleicht von einem *malocchio* getroffen wurde. Dann werden Tropfen mit Öl in die Schüssel geträufelt. Wenn sich das Öl im Wasser auflöst, also verschwindet, ist man mal nicht sehr nett angeschaut worden. Das fand ich natürlich höchst interessant: die Überwindung von Naturgesetzen?

Öl löst sich nicht in Wasser auf. Das liegt an der sogenannten Polarität. Ich musste den Begriff bei Wikipedia nachlesen: "**Polarität** bezeichnet in der Chemie eine durch Ladungsverschiebung in Atomgruppen entstandene Bildung von getrennten Ladungsschwerpunkten, die bewirken, dass eine Atomgruppe nicht mehr elektrisch neutral ist. Das elektrische Dipolmoment ist ein Maß für die Polarität eines Moleküls. Polare Stoffe lösen sich gut in polaren Lösungsmitteln – beispielsweise Salze in Wasser.

Die Löslichkeit ist umso besser, je ähnlicher die Wechselwirkungskräfte zwischen den Teilchen des Lösungsmittels und zwischen denen des gelösten Stoffes sind."[12] Öl ist unpolar und kann keine

---

12 Zitiert nach "http://de.wikipedia.org/wiki/Polarit%A4t_Chemie. 10.06.2015

Wasserstoffbrückenbindungen eingehen und sich demzufolge nicht an das Wasser binden, sprich darin auflösen.[13] Eine Signora in der Nähe von meinem Anwesen ist also fähig, einen bösen Blick sichtbar zu machen, und zwar durch die Beeinflussung der Wechselwirkungen von Atomen? Das musste auch ich sehen: die Signora, das Wasser und das Öl. Mein Bekannter meinte nur, dazu müsste ich aber auch ein *malocchio* haben. Ob ich so eins hatte oder nicht, wusste ich nicht, aber wenn dem so wäre, würde es sich schon zeigen. Ich bat ihn also, seine Mutter zu bitten, dass sie wiederum die Signora bittet, mal bei mir nachzuschauen. Nach zwei Tagen bekam ich einen Anruf: „Morgen gegen zehn Uhr, gehen wir zu meiner Nachbarin!" Ich würde übrigens die *maga* (Wort für weibliche Heilerin etc.) kennen. Sie wäre schon mal bei mir gewesen, um Kastanien zu sammeln. Ich verfluchte innerlich wieder mal mein schlechtes Namensgedächtnis und meine mangelnde Fähigkeit, mich an jemanden zu erinnern. So gesehen war die *Malocchio*-Sache eigentlich geritzt: ich habe mir gerade selbst unschöne Dinge an den Kopf geworfen …

Da es kurz vor Weihnachten war, packte ich ein paar Weihnachtssterne aus Glasperlen ein, die ich den beiden Damen mitbringen wollte. Geld auf keinen Fall! Das würde die *maga* zutiefst beleidigen. Nur die Bösen nehmen dafür Geld. Die *maga* ist siebenundachtzig Jahre alt, die Mutter vom Landwirt über achtzig. Sehr groß sind beide nicht – sie reichen mir etwa bis zum Hals. Ich bin auch nicht groß – zumindest für eine Deutsche. Die beiden teilen sich übrigens eine schwarze Katze miteinander, die einmal bei der einen, dann wieder bei der anderen Dame ist, was ich ganz lustig finde. Die *maga* findet es allerdings nicht lustig, dass diese Katze jetzt im-

---

13 Vgl. https://de.answers.yahoo.com/question/index?qid=20060924061008. 10.06.2015

mer vor die Haustüre macht, weil sie ihr Territorium markiert, da eine weiße Katze aufgetaucht ist. Ich fand es wieder lustig, dass die beiden nun eine schwarze und weiße Katze miteinander haben. Nach der üblichen italienischen Begrüßungszeremonie (Bussis links, rechts, dann wieder links, oder ist es andersherum? Ich komme dabei immer durcheinander und habe Angst, dass Nasen verletzt werden), wurde ich um den Katzenhaufen herum ins Haus und dann in die Küche gebracht. Für italienische Verhältnisse kamen wir relativ schnell zur Sache. Es wurde ein einfacher, weißer Suppenteller auf den Tisch vor mich hingestellt. Dann schlug die *maga* viele Kreuzzeichen auf mir und auf sich selbst, während sie etwas flüsterte. Das hätte ich natürlich gerne gehört … Dann brachte sie einen Esslöffel mit Öl, tunkte einen Finger darin ein und lies Tropfen in das Wasser fallen. Und mir fielen die Augen raus. Ich habe wirklich ganz genau geschaut! Der erste Tropfen hat sich im Wasser aufgelöst. Die anderen Tropfen haben kurz überlegt, was sie machen sollen, schwammen dann aber den Naturgesetzen gemäß oben. Aber der erste Tropfen war weg. Die *maga* meinte, ich hätte sogar ein ziemlich großes *malocchio*. Ihre Nachbarin hat den Vorgang auch genau beobachtet und meinte, bei ihrem Sohn wäre es noch größer gewesen. Wie sie die Größenverhältnisse einschätzen, ist mir nicht klar. Ob es daran liegt, wie groß die „Fettaugen" sind, die auf dem Wasser schwimmen oder wie viele sich auflösen? Bei mir verschwand wie gesagt nur ein Tropfen und der sofort. Ich musste dann das Handzeichen gegen den bösen Blick machen (Zeigefinger und kleiner Finger hoch) und im Wasser rumrühren. Die *maga* mischte kräftig mit. Das Wasser wurde dann ausgeschüttet und ein neues in den Teller gefüllt. Und wieder kamen Tropfen ins Wasser. Dieses Mal blieben alle oben. Sie wurden aber noch nicht als schön befunden. Ästhetik und im Wasser schwimmendes Öl hatte ich bis dato noch nicht in Zusammenhang gebracht. Daher muss-

ten die Finger wieder rein ins Wasser und kräftig das Unglück auf-
spießen. Nochmals wurde frisches Wasser und neues Öl gebracht.
Endlich wurden die Tropfen als schön betitelt. Das *malocchio* war
demnach weg.

Mir war kalt, was aber am offenen Fenster lag. Die Raumtemperatur
war entsprechend niedrig. Auch in Italien ist es um die Weih-
nachtszeit nicht sommerlich warm. Musste es offenbleiben, damit
das *malocchio* auch wirklich wegging? Ich habe nicht gefragt. Ich
war immer noch etwas bedeppert von dem ersten Öltropfen. Habe
ich halluziniert? Werde ich nun komplett plemplem? Glaube ich
wirklich alles? *Malocchio: Occhio* ist das Auge auf Italienisch. *Male*
heißt böse oder schlecht. Sehe ich einfach nur „schlecht"? Schlecht
wurde mir dann allerdings auch. Das lag aber an dem Menthol-
Bonbon, das mir angeboten wurde. Italienische Gastfreundschaft. Es
wird einem immer etwas angeboten. Kaffee lehne ich immer ab,
weil ich italienischen Kaffee einfach nicht vertrage. Diesbezüglich
bin ich hier absolut nicht heimisch geworden. Mein Kaffee kommt
immer noch superdünn aus einer deutschen Kaffeemaschine. Wasser wollte ich auch keines – davon hatte ich genug. Also wurde mir
die Bonbon-Schale gereicht. Ich mag übrigens keine Bonbons und
schon gar keine mit Mentholgeschmack. Aber wenn Angebotenes
nicht annimmt, nehmen es einem die Italiener „übel". Auch davon
hatte ich genug. Um weiteres „Übel" von mir abzuwenden, wurden
mir *le corne* empfohlen. Das sind so kleine rote Hörner, die man
entweder tragen oder im Haus aufhängen kann. Das Problem dabei
wäre nur, so laut Auskunft der *maga*, dass sie nicht wirken, wenn
man sie sich selbst kauft. Die müssen einem geschenkt werden. Ich
weiß jetzt zumindest, was ich auf diverse Wunschzettel schreiben
kann.

Ich wurde umarmt und eingeladen, jederzeit wieder zu kommen,
wenn wieder „etwas" wäre. Der Sohn mit dem Hut erzählte mir,

dass eine andere *ragazza* – ein Mädchen im Alter von 50 – einmal die Woche zur *maga* ginge, um sich vom „bösen Blick" befreien zu lassen. Das liebe ich an Italien. Ich bin immer noch eine *ragazza*, ein Mädchen, mit meinen 48 Jahren. Die Italiener sehen das mit dem Alter und dem weiblichen Geschlecht einfach anders. Vielleicht haben deutsche Männer einfach nur ein *malocchio* – ein schlechtes Auge? Ich stelle mir gerade Engpässe bei Paketzustellern vor, weil sie laufend deutsche Hüte in ein kleines italienisches Dorf bringen müssen, damit sie ihre Frauen besser sehen können. Wann ich dort wieder hingehe, weiß ich nicht. Ich muss erst einige Dinge unter meinen Hut bringen …

Also, ich glaube nicht, dass ich einfach mal so verwünscht worden bin. Vielleicht haben Sie auch schon mal mit jemanden gestritten. Ich habe das schon sehr oft gemacht. Wenn ich glaube, dass mir „Unrecht" getan wird, will ich „Recht" behalten, und zwar wie man so schön sagt: „auf Teufel komm raus!" Was ich in diesem Moment denke, ist allerdings alles anderes als schön. Würden sich meine „Wünsche" sofort materialisieren, wäre der Mond schon überbevölkert und das Hotel „zur Hölle" ausgebucht. Auf der Welle der Verwünschungen bin ich also durchaus schon mal geritten. Wenn ich mich auf diese „Ebene" – in diesem Frequenzbereich – begebe, bin ich auch „offen" für alles, was da so daher kommt. Wie man in den Wald hin ruft, so hallt es zurück. Mein Körper hat meine Schimpferei auch mitbekommen und entsprechend mit „Angriffsmodus" reagiert. Auch sind in ihm alle meine unnetten Blicke gespeichert worden. Mein Körper ist sozusagen ständig bereit, auf den Impuls *malocchio* zu „handeln". Das strahle ich auch aus! Mit einer derartigen „Ausstrahlung" brauche ich mich nicht zu wundern, wenn mich andere dann auch sonst wo hinschicken möchten … Wenn ich nicht aufhöre, etwas oder jemanden und sei es auch nur mich selbst zu verwünschen, könnte ich jeden Tag zu der *maga* im Nachbardorf marschieren – es würde nichts ändern!

Natürlich habe ich mich gefragt, was denn mit den sanften Gemütern ist, die nie in ihrem Leben ein schlimmes Wort gedacht oder gar gesagt haben. Können auch sie mit einem *malocchio* geschlagen sein? Als ich noch energetisch gearbeitet habe, hatte ich ganz viele liebe Menschen, bei denen mein Pendeln bei dem Thema „Fluch" genickt hat. Als ich sie darauf ansprach, sagten einige sinngemäß: "Dachte ich es mir doch! Bei mir geht es wirklich manchmal schon nicht mehr mit rechten Dingen zu!" In dem Moment, in dem man einen Schuldigen für das, was einem passiert, in einer anderen Person – im Außen – sucht oder vermutet, ist man diesem „Schuldigen" sicherlich einmal nicht wohlgesinnt … Dann befindet man sich irgendwo in dem „Frequenzbereich": Angst und Ablehnung der Eigenverantwortung für das Leben („Opfer"). Auch diese Wellen strahlt man aus und sie erreichen die Umwelt. Ob da jetzt tatsächlich auch ein Fluch mit daherkommt oder gekommen ist, spielt keine Rolle. Es ist das eigene Denken. Die eigene Einstellung, die „etwas" macht.

Andere erzählten mir beispielsweise von der bösen Tante oder dass es in der eigenen Familie jede Generation eine Frau gab, die keinen Lebenspartner gefunden hat. Mir selbst wurde auch schon mal „wahrgesagt", dass auf meiner Familie ein Fluch liegt. Damals hatte ich ein ungutes Gefühl und wollte, dass die Wahrsagerin „das" wegmacht. Ich habe in jeder Hinsicht teuer bezahlt … Den Lohn für die Dame sehe ich heute als Lehrgeld. Meine damaligen Gedanken und Gefühle zu diesem Thema als Fundament für „neue"… In meinem Blut fließt nicht nur das Blut meiner Ahnen, sondern auch deren Essenz. Auf geistiger Ebene gibt es keine Trennung zwischen ihnen und mir. Ich wurde schon mal nicht „unschuldig" oder unfreiwillig in etwas hinein geboren. Ich habe es mir genauso ausgesucht. Auch ihre gelebten Gefühle oder Gedanken sind in mir „gespeichert". Jedes „hoffentlich werde ich nicht so wie Tante Hanna" bringt mich genau dort hin. Weil ich nicht so sein möchte oder nicht das gleiche Schicksal erleiden möchte: ich bin auf der Welle des Widerstandes mit all ihren Konsequenzen … (Für diejenigen unter Ihnen, die an Inkarnation glauben, sei gesagt, dass man sogar Tante Hanna auch mal gewesen sein könnte, wenn sie vor der eigenen Geburt nicht mehr auf der Welt war.) Es gibt Familien, die scheinen wirklich vom Pech verfolgt. Ich glaube, dass der- oder diejenige, dem oder der es gelingt, den Widerstand gegen all das Unglück zu brechen, die gesamte Sippe erlöst.

Ich glaube auch, dass ich irgendwann von allen Flüchen dieser Welt befreit bin, wenn ich es schaffe, negative Gedanken anderen gegenüber „sein zu lassen". Damit meine ich auch, wenn mir mal wieder was rausrutscht, dass ich nicht Angst vor einer Bestrafung durch den „Kosmos" haben soll oder muss. Damit würde ich gleich schon in die „ungewünschte" Richtung marschieren. Ich versuche, es mir nachzusehen oder zu „verzeihen". Und ich denke an einen Satz, den mir eines unserer verstorbenen Pferde bei einem Tiergespräch gesagt hat (wir hatten immer Schuldgefühle, ob wir ihn zu früh haben einschläfern lassen): „Es gibt nichts auf der Welt, was man verzeihen muss!" Das fand ich ganz wunderbar. Das heißt auch, dass nichts so schlimm ist, dass es keine Vergebung geben könnte. Vielleicht sträubt sich bei Ihnen innerlich etwas dagegen. Es gibt so viele schreckliche Dinge auf dieser Welt. Dinge, welche die Menschen sich gegenseitig antun oder der Erde und ihren anderen Mitbewohnern. Ich mag schon gar keine Nachrichten mehr anschauen. Es scheint, als ob es auf der Welt wirklich nur noch Krieg und Katastrophen gibt. In den Nachrichten werden Bilder gezeigt, die man sonst nur in einem Film sieht, der für Zuschauer unter 16 Jahre nicht geeignet ist. Unsere Führungskräfte streiten auch nur. Nette

Dinge hört man nie. Haben Sie schon mal ein herzliches Lachen eines Politikers gehört? Königspaare winken auch nur leise lächelnd in die Kameras, wenn sie mal irgendwo auf Staatsbesuch sind. Ist das alles die Wahrheit was man uns so erzählt?

Wenn man über eine Person sagt, dass sie während der Arbeitszeit immer nüchtern ist, welche Nachricht verbirgt sich dahinter? Nach der Arbeit ist die Person aber dann sturzbetrunken – selbst wenn sie niemals auch nur einen Schluck Alkohol trinkt… Ich habe den Eindruck, uns wird vermittelt, dass die Menschheit schlecht ist und die Ressourcen immer knapper werden. Baut nicht auf den Staat – der ist nämlich auch pleite! Die eigentliche Botschaft dahinter lautet: habt Angst. Was Angst aus einem machen kann, habe ich Ihnen bereits erzählt. Sicherlich geht man nicht „selbstbewusst" raus in die Welt und hilft seinem Nächsten. Viele meiner Freunde fragen mich um homöopathischen Rat, weil es ihnen einfach nicht gut geht. Kein leichtes Unterfangen, denn wir sind alle miteinander verbunden. Wenn es einem Großteil auf der Welt wirklich schlecht geht, wie soll man da „glücklich und zufrieden" durch die Welt spazieren?

Ich behaupte, wir werden alle täglich manipuliert. Wir stehen alle unter sogenannten „schwarz magischen Einfluss". Und wir machen uns das täglich gegenseitig. Ich bin übrigens keine „Verschwörungstheoretikerin".

Wie ich das meine mit der Manipulation und was man „dagegen" machen kann, möchte ich Ihnen im folgenden Kapitel sagen.

Manipulation

Der Begriff **Manipulation** kommt aus dem Lateinischen. Er wird zusammengesetzt aus *manus* ‚Hand' und *plere* ‚füllen'; wörtlich: eine Handvoll (haben), etwas in der Hand haben. Wenn man jemanden manipuliert, nimmt man gezielt (und verdeckt) Einfluss auf das Erleben oder Verhalten der betreffenden Person.[14] Letztlich wurden wir alle während unseres Heranwachsens von unseren Eltern „manipuliert" – erzogen. Wer schon mal mit einem unerzogenen oder schlecht erzogenen Kind zu tun hatte, sagt sicher, dass richtige „Erziehung" absolut notwendig ist – und bitte, nichts mit „Manipulation" oder „schwarzer Magie" zu tun hat. Das behaupte ich auch nicht.

Das Wort „Magie" kommt aus dem altgriechischen *mageia*, (Zauberei, Blendwerk). Es bedeutet, dass durch übernatürliche Kräfte Einfluss auf den Lauf der Dinge, die Dinge selbst und auch auf Lebewesen bewirkt werden kann. Je nach dem was und warum man mit magischen Ritualen oder Sprüchen etwas zaubern möchte, spricht man von der „weißen Magie" und der „schwarzen Magie". Letztere übt man aus, um persönliche, niedrige Ziele zu erreichen, Böses zu tun, also um zu schaden. Während die weiße Magie dem Wohle aller oder eines Einzelnen dient, wie ein Heilzauber oder ein Schutzzauber und ohne selbstsüchtige Motive praktiziert wird.[15]

Die Unterscheidung scheint auf den ersten Blick sehr eindeutig. Wenn man auf eine Stoffpuppe einsticht, mit dem Hintergedanken damit einem anderen wehzutun, ist das sicherlich keine weiße Magie. Ich möchte an dieser Stelle betonen, dass ich nicht daran glaube, dass man damit tatsächlich einen anderen schaden kann – außer sich selbst. Die negativen Gefühle, die man gegen jemanden hegt, werden nur stärker und wirken sich dementsprechend negativ aus. Für mich liegt der Unterschied in den diversen „Ritualen" in der Motivation: Macht man etwas aus Angst oder Liebe?

---

[14] Vgl. http://de.wikipedia.org/wiki/Manipulation.10.06.2015
[15] Vgl. http://de.wikipedia.org/wiki/Magie.10.06.2015

Für mich ist diese Liebe bedingungslos und das ganz große Ding. Alle anderen Gefühle entstehen aus Angst. Was macht eine Mutter, die ihrer Tochter täglich „vorbetet", sich einen reichen Mann zu suchen, damit sie versorgt ist und es ihr gut geht. Macht sie das aus Liebe? Die Absicht der Mutter ist eine „gute". Sie möchte, dass es ihrer Tochter einmal gut geht. Aber was steckt hinter diesem Wunsch? Natürlich könnte sie ihrer Tochter noch „einbläuen", dass der Mann auch nett und gut aussehend sein soll. Die Tochter hat ihren freien Willen. Sie kann dem „Rat" der Mutter folgen oder nicht. Ich behaupte allerdings, dass sich bei der Tochter irgendwo gespeichert hat: reicher Mann gleich guter Mann. Armer Mann gleich nicht so guter Mann. Verliebt sie sich in einen nicht ganz so wohlsituierten Herrn, könnte bei ihr im Hinterkopf immer laufen, dass ihr Mann nicht so gut ist und sie einen Besseren hätte finden sollen. Auf eine Partnerschaft könnte sich das vielleicht nicht so gut auswirken. Der Mutter ist sicher nicht bewusst gewesen, dass sie unter Umständen negativ auf das Leben ihrer Tochter Einfluss nimmt. Zur Unterscheidung, ob es sich um „Manipulation" handelt, reicht es meiner Ansicht nach aber nicht, ob man es unbewusst oder bewusst macht. Ich möchte an dieser Stelle gleich sagen, dass diese „Konditionierung" der Tochter nichts „Böses" an sich ist. Das gibt es für mich so nicht. Es sind Programme, die übertragen werden. Wenn man das erkannt hat, dass es letztlich nicht „mehr" ist, hat man die Wahl sie zu benutzen oder nicht – das heißt, ob man auf eine andere Frequenz geht oder nicht. Das ist das Sich-Bewusst-Werden oder Sein. Letztlich helfen uns alle diese Konditionierungen genau dahin zu kommen, wohin wir möchten. Selbst wenn wir uns oberflächlich betrachtet derer nicht „bewusst" sind.

Unserem Unterbewusstsein wird ziemlich viel in die Schuhe geschoben. Angeblich sollen 95 % unserer täglichen Handlungen „unbewusst" ablaufen. Wie viel es tatsächlich ist, weiß ich nicht. Wir spielen also größten Teils lediglich unsere Programme ab. Bei Gefahr mit „Angst" zu reagieren und wegzulaufen, anzugreifen (sich verteidigen) oder zu erstarren ist „natürlich" und hat sich als richtig erwiesen und das Überleben der Menschheit gesichert. Je nachdem, wo man aufwächst, kann es richtig oder falsch sein, etwas zu tun oder nicht zu tun. Ein paar ganz einfache Beispiele: in Südindien wird es als nicht „richtig" erachtet Fleisch, zu essen. In Europa machen sich diesbezüglich die wenigsten Gedanken darüber. In Deutschland geht der Fuß bei einer roten Ampel automatisch auf die Bremse. In Rom ist das nicht zwangsläufig so … In uns sind einige dieser Programme „eingepflanzt" worden. Kinder nehmen bis zum vierten Lebensjahr alles auf, ohne es zu hinterfragen. Die Gehirnwellen schwingen überwiegend zwischen drei und acht Hertz, den sogenannten Theta-Wellen.

Dieser Bereich gilt als sehr geeignet für eine mentale Programmierung. Die Gehirne in diesem Alter zeigen fast keine Beta-Wellen auf. Dies ist ein Frequenzbereich, in dem man wach, aufmerksam, konzentriert und bei vollem „Bewusstsein" ist. [16]

Haben Sie sich schon mal gefragt, was Sie so alles „aufnehmen", wenn Sie auf dem Sofa vor dem Fernseher so vor sich hindösen? Ihre Gehirnwellen schwingen bewegen sich zwischen dem Theta-und Alpha-Bereich. Im Alpha-Bereich gelingt schon Hypnose.[17] Man nimmt alles unbewusst auf, was da so kommt … Es ist einem nicht „bewusst". Wie soll man allerdings dann wissen, ob man ein „Programm" hat, dass man eigentlich nicht haben möchte? Oder im Gegenzug, wie erkennt man, ob man selbst manipuliert oder nicht? Ich habe es Ihnen oben schon gesagt: die einzige Möglichkeit „schwarz"

---

[16] Vgl. http://secret-wiki.de/wiki/Gehirnwellen.10.06.2015
[17] Vgl. http://secret-wiki.de/wiki/Gehirnwellen.10.06.2015

und „weiß" zu unterscheiden, liegt in der Motivation des Handels. Auch unbewusste Handlungen „zeigen" sich …

Man will etwas von einem anderen oder sich selbst. Das ist für sich allein betrachtet, nicht „schlecht". Die Mutter aus dem Beispiel oben ist wahrscheinlich voller Sorgen und hat damit auch Angst. Angst, dass es einem schlecht geht, wenn man nicht ausreichend finanzielle Mittel hat. Unrecht hat sie damit sicher nicht … Sie liebt ihre Tochter sicherlich auch. Aber wo ist das liebevolle Vertrauen in die Tochter, dass sie es auch aus eigener Kraft schaffen wird, finanziell „gut im Leben zu stehen"? Wenn die Tochter einen reichen Mann heiratet, hat die Mutter vielleicht ein paar Sorgen weniger. Aber ist das die bedingungslose Liebe? Die Grenze zwischen etwas aus Liebe oder aus Angst zu machen, ist nicht sehr leicht zu erkennen. Aber man kann es üben und man wird sich dabei immer mehr bewusst, wie ich Ihnen bereits gesagt habe. Insbesondere sich selbst! Und da wollen wir ja eigentlich alle hin …

Ich habe „gesehen", was manipulative Gedanken oder Handlungen mit der Energie eines Menschen machen. Ich kann nicht in der Aura lesen. Wenn ich allerdings eine Person anschaue oder fest an sie denke und dann die Augen schließe, habe ich das Gefühl, „Energiebahnen" oder deren Blockaden zu erkennen. Ich sehe „schöne" Farben und an bestimmten Stellen auch nicht so schöne Farben. Es ist wie mit dem Abdruck auf der Netzhaut unserer Augen. Wenn man etwas länger anschaut, spiegelt es sich hinter den geschlossenen Augen oder an einer weißen Wand, wenn man die Augen anschließend auf sie richtet. Als ich einen Bekannten energetisch behandeln durfte, habe ich Verzerrungen der Energie um den Körper (Aura?) gesehen. Es war auch, als ob auch bestimmte Körperregionen „energetisch" durchbohrt waren. Die Person hatte auch in diesen Regionen körperliche Probleme. In einem „Energetik"-Kurs wurde das Thema Befreiung von den Kräften der „schwarze Magie" behandelt. Mir wurden auch einige Zeichnungen gezeigt, auf denen die körperlichen Auswirkungen – Energiefelder – diese negativen Kräfte abgebildet waren. Eines dieser Bilder hatte genau die Form der „Aura" meines Bekannten. Ich war also nicht die einzige, die so etwas „sah". Auch an mir wurden einige „Verzerrungen" gesehen und dann energetisch behandelt. Es war danach aber wie mit der Energie von Flüchen – sie waren alle wieder da … Genau wie bei der Verwünschungsnummer wurde ich nicht einfach so mal mit negativen Kräften beworfen. Durch meine eigenen manipulativen Gedanken habe ich mich selbst auf diese „Welle" katapultiert.

Als ich das begriffen habe, hörte meine Angst vor dieser „schwarzen Macht" auf. Ich weiß dadurch auch, wie ich ihr „entgegen wirken" kann. Nämlich indem ich selbst aufhöre, manipulativ zu denken oder gar zu handeln. Jeder nicht nette Gedanke an oder über eine Person macht genau das mit mir selbst. Die Kraft meiner eigenen Gedanken beeinflusst meinen Körper, mein ganzes Sein. Wenn ich manipulative Gedanken hege, können mich auch die manipulativen Gedanken anderer treffen: durch meine eigenen öffne ich ihnen Tür und Tor. Aber auch der Gedanke daran, dass jemand da draußen „Schuld" haben könnte an etwas, was im eigenen Leben nicht stimmt, bringt einem auf diese „Welle". Eine Welle, die mit Liebe nichts zu tun hat. Weiterhin verhindern diese Gedanken Selbstverantwortung für das eigene Leben. Jemand, der daran glaubt, dass negative Energien, die von außen auf einen eindringen, dass eigene Leben negativ beeinflussen können, hat verständlicherweise Angst. Was Angst mit einem macht, habe ich schon an mehreren Stellen erwähnt. Zu einem rationalen, ruhigen Denken ist man nicht mehr fähig. Angst trübt den Blick. Es ist nicht das Geld, das unsere Welt regiert, sondern die Angst. Ein ängstlicher Mensch ist nicht mehr „handlungsfähig" und ziemlich weit von der Selbstliebe entfernt. Glauben Sie, dass jemand manipuliert werden kann, der keine Angst hat oder sich sehr gerne mag?

Den ganzen Tag strömen Informationen auf uns ein. Meistens sind sie nicht gerade schön oder nett. Irgendwie scheint alles auf Angstmachen ausgerichtet zu sein. Den Riegel gegen negative Einflüsse schiebe ich nicht vor, indem ich mich vor dem da draußen wegsperre, sondern was dahinter ist – in mir – erst einmal anschaue. Manchmal frage ich mich auch so unwichtige Dinge, wie man eine Generation Frauen dazu bringt, sich auf gefährlichen, unbequemen Stelzen zu bewegen. Die Dinger, die momentan „in" sind, würde ich nicht mehr als Schuhwerk bezeichnen. Wer macht die Mode? Wer macht den Zeitgeist? Die Technik, die Wissenschaft hat sich weiterentwickelt, der Mensch selbst aber nicht? Wer hat das denn dann alles gemacht? „Die"?

Ich gebe zu, dass ich mir gerne Videos auf YouTube über Außerirdische, Reptilienmenschen, Geheimgesellschaften und ähnliche Themen anschaue. Bei vielen dreht sich im Großen und Ganzen darum, dass hinter uns armen, kleinen, unwissenden Menschleins eine geheime Macht steht, die uns dirigiert, manipuliert, die Erde zerstört und ausbeutet. Wenn man sich die Zustände auf unserem Planeten anschaut, könnte an derartigen Verschwörungstheorien durchaus etwas dran sein. Allerdings steht auch in einem der am besten verkauften Büchern: „Macht euch die Erde untertan!" (Genesis 1,28). Sehr geheim ist das ja nun nicht. Oder ist mit „euch" jemand anderer gemeint als wir?

Ich habe mich auch sehr oft gefragt, ob es einen Unterschied machen würde, ob es geheime Herrscher über uns und die Erde gäbe oder nicht. Was hätten die jetzt davon, dass sich Frauen in Stöckelschuhe zwängen? Die Frauen tun sich und ihrem Körper sicher nichts Gutes. Gemäß alternativmedizinischen Theorien spiegelt sich der menschliche Körper in den Füßen wieder. Jedes Körperteil hat auch eine entsprechende Stelle am Fuß. Wenn der Schuh drückt, könnte das auch Auswirkungen auf ein Organ haben. Sicher bewegt man sich in diesen Dingern auch nicht „sicher". Es mag zwar als „schön" gelten, aber „mit beiden Beinen im Leben stehen", stelle ich mir anders vor.

Was passiert, wenn man den Frauen, den „Boden unter den Füßen" wegzieht und sie unsicher gehen lässt? Was passiert mit ihnen, wenn sie immer schlanker und jünger sein sollen und sie sich immer weniger wohl „in ihrer Haut" fühlen? Was hätte jemand davon, das „schwache" Geschlecht zu schwächen? Hat das Auswirkungen auf die Familie, insbesondere die Kinder? Ich lasse sie diese Fragen selbst beantworten.

Was hat jemand davon, wenn die Menschen immer den Bezug zu sich selbst und der Welt verlieren. Wenn sie immer mehr in Städten leben? Heute herrscht ja buchstäblich eine „Landflucht". Ist ja auch „verständlich": keine Arbeitsplätze mehr, keine funktionierende Infrastruktur und so weiter. Sollte es aber aus irgendwelchen Gründen zu einem Versorgungsengpass kommen – kein Strom – dann möchte ich nicht gerne in der Stadt wohnen. Auf dem Land bilde ich mir ein, kann man „trotzdem" noch irgendwie überleben … Ich kann mich noch gut an die Zeit erinnern, da wollten alle aufs Land. Wozu das Ganze hin und her? Warum sollte man Menschen immer mehr schwächen wollen, ängstlicher machen wollen? Selbst die Verschwörungstheoretiker machen einem dann doch etwas Angst. Oder steht hinter den Verschwörungstheorien wieder genau eben diese: eine Verschwörung?

Wer Angst hat, ist noch leichter manipulierbar. Wer unsicher ist, steht nicht auf und ändert die Weltordnung. Und falls er sich doch traut, macht er es nicht „bedacht", sondern mit Krawum. Ich habe versucht, mich mal in so einen geheimen Mächtigen hinein zu versetzen. Also, ich hätte ganz schön Angst, irgendwann einmal allein auf einem verwüsteten Planeten zu hocken. Ich habe mich weiter gefragt, warum es so jemanden gefallen würde, wenn es den Menschen und den anderen Bewohnern dieser Erde nicht gut geht. Fühlt er sich einfach deshalb nur besser? Warum schadet so jemand der Erde? Lebt so jemand nicht ständig in Angst, dass man ihn seiner Macht beraubt? Wenn so ein jemand nicht alleine an der Macht ist, sondern „die" sich zu mehrt die Welt teilen, hat man dann nicht Angst damit aufzuhören, weil man fürchtet, von seinen Mitmächtigen eines übergezogen zu bekommen? Haben „die" überhaupt so etwas wie „Gefühle"? Sind sie überhaupt zu Verständnis und Mitgefühl, Liebe fähig? Für ein hungerndes Kind in Afrika bin ich, was ein Bill Gates für mich ist. Gebe ich diesem Kind etwas von meinem Reichtum ab, damit es ihm besser geht? Nachdem ich mir alle diese Fragen beantwortet habe, fühlte ich mich nicht sehr gut: ich bin letztlich wie „die" oder „der" …

Ich habe dann versucht, mich etwas zu beruhigen, indem ich mir sagte, dass ich nicht in der Lage wäre, Angst und Schrecken in der Welt zu verbreiten oder Weltkriege anzuzetteln. In meiner kleinen Welt sorge ich manchmal allerdings auch nicht gerade für Frieden. Ich habe erst mal begriffen, dass es gar nichts bringt, mit dem Finger auf „die" zu zeigen. Das ist einmal nicht so einfach, weil man ja nicht weiß, wo „sie" sind und in welche Richtung man den Finger strecken soll. Gedanken in Richtung „die" gegen „uns", bringen auch nicht sehr viel, denn dann entsteht ein Feindbild. Wenn man einen Feind hat, und sei er auch quasi unsichtbar, ist das für den inneren Frieden auch nicht sehr zuträglich. Aggression und Angst kommen hoch, das Denken und „gut (richtig) fühlen" wird ausgeschaltet. Manipulation entgegenwirken kann man, glaube ich nur, wenn man selbst aufhört, manipulieren zu wollen. Oder wie ich schon öfter geschrieben habe, anfangen, sich und andere einfach „sein zu lassen". Wenn man nicht weiß, was man tun soll oder ob etwas richtig oder falsch ist, kann man sich fragen, warum man etwas tut oder möchte: verbirgt sich dahinter Angst – oder macht man und will etwas aus bedingungsloser Liebe.

Ich falle immer wieder noch in die „Falle" des Etwas-Loshaben-Wollen und damit auch der Manipulation. Ich habe Angst davor, vom Pferd zu fallen. Mein Fohlen aus dem ersten Buch ist mittlerweile groß geworden und wird zugeritten. Ich bin meine Mucki schon ein paar Mal geritten. Sie ist halt ein junges Pferd und verhält sich auch dementsprechend – so wie menschliche Teenager ... An einem Morgen hatte ich wieder mal ganz schön die Hosen voll und deswegen mein Selbst kontaktiert. Ich wollte wissen, was ich „gegen" die Angst machen könnte und tun sollte, damit meine Mucki auch schön brav wäre. Ich wollte natürlich, dass mein Selbst säuselt, ich müsste keine Angst haben, weil mein Pferd heute alles ganz lieb und nett machen würde. Mein Selbst meinte allerdings: „Steig nicht auf!" Diese Antwort hätte wirklich von mir sein können ... Klar, auf diese Weise wäre ich alle meine „Sorgen" los ... Ich habe begriffen, dass ich schon wieder etwas nicht „haben" wollte und dass ich auch manipulative Gedanken hegte: ich wollte, dass mein Pferd so ist, wie ich es will. Ich war sehr weit davon entfernt, uns beide einfach „sein zu lassen". Ich hatte die Wahl auch das Reiten an diesem Tag sein zu lassen oder nicht. Ich habe mich für Letzteres entschieden. Meine Angst ließ ich dort, wo sie war und meine Mucki ließ zu, dass ich auf ihr hockte. Es ist gut gegangen. Ich hatte „Glück". Die Chancen standen 50:50. Vielleicht sogar etwas weniger für mich und dem „guten" Ende. Dass ich nicht gleich beim Aufsteigen wieder runtergeflogen bin, glaube ich, hatte damit zu tun, dass ich mich zumindest nicht mehr gegen das Gefühl der Angst gewehrt habe und damit neben ängstlich auch noch voller Widerstand gegen das war, was ist oder sein wird. Zudem kenne ich meine Mucki – sie ist in vieler Hinsicht wie ich. Man kann sie höflich bitten, nach links zu gehen, wenn man sie „zwingt", reagiert sie ebenso wie ich … Ich hätte an diesem Tag wieder mal gerne etwas „erzwungen" oder „gezaubert", dass etwas passiert oder besser nicht passiert. Das funktioniert aber so nicht. Die Absicht hinter dieser „Zauberei" hätte mit bedingungsloser Liebe schon mal gar nichts zu tun gehabt. Wie ich Ihnen erzählt habe, glaube ich, dass man alles ist – auch das „Ereignis". Ein jetziges und durch die scheinbare Existenz von Zeit auch ein zukünftiges. Ich war das Ereignis „ich will nicht runterfallen, davor keine Angst haben und Pferd sei brav". Zugegeben, schon verständlich. Hinter mir stand aber ein „es wird schon gut gehen" und auch etwas Selbstmitleid in einer derartigen Situation überhaupt zu sein. Ich war mir nicht sicher und handelte „halbherzig". Ich habe mich auch etwas um die Selbstverantwortung gedrückt – der liebe Gott und mein Schutzengel sollten doch bitte alles für mich „richten". Das haben sie auch: die Chance standen wie gesagt 50:50. Mit vielen unserer Wünsche verhält es sich so ähnlich. Ich glaube sie erfüllen sich alle: genauso WIE man sie sich wünscht …

Wir leben in einem oder besser sind ein „Feld" unendlicher Möglichkeiten. In Abhängigkeit von der eigenen Ausrichtung oder „Einstellung" passiert einem etwas oder nicht. Ich weiß, das hört sich jetzt fast an, als wenn man prophezeit: „Kräht der Hahn auf dem Mist, dann ändert sich das Wetter oder es bleibt, wie es ist!" Aber ich hoffe, Sie verstehen, was ich damit meine …

Glaubt man wie ich, dass man auch das Ereignis ist, passiert man sich ständig irgendwie „selbst". Ich hatte immer neben meinen anderen Ängsten auch Angst, was „mein Geschehen" noch so alles beeinflussen könnte, neben Flüchen oder anderen nicht netten Dingen über die ich bereits mit Ihnen gesprochen habe. Diese Angst habe ich nicht mehr. Im Folgenden geht es daher weiter um „Un-

sichtbares" oder scheinbar „Unbegreifliches", das Angst machen
kann – aber keinesfalls sollte!

Energiefelder

Neben unseren fünf Sinnen soll es noch einen sechsten Sinn geben, der zuständig ist für „außersinnliche Wahrnehmungen", wie Hellsehen, Telepathie und dergleichen. In der Naturwissenschaft wurden bei Tieren unglaubliche Wahrnehmungseigenschaften gefunden. Hätte sie ein Mensch, würde man auch von einem sechsten Sinn sprechen: bei Vögeln wurde ein Magnetsinn entdeckt und manche Fische können die Körperelektrizität ihre Beute fühlen. Damit will ich sagen, dass nur weil man Fähigkeiten zu Sinneswahrnehmungen noch nicht ausreichend erforscht hat, bedeutet das nicht, dass es sie nicht gibt. Wenn manche Menschen behaupten, sie würden „Energien" in Häusern oder an Menschen spüren oder sogar sehen, ist deren Existenz durchaus möglich. Wenn manche Menschen sagen, dass sie bestimmte Botschaften von anderen Wesenseinheiten erhalten, ist das nicht zwangsläufig ein Hinweis auf eine pathologische Störung. Über Moses aus der Bibel würde man auch nicht sagen, dass er plemplem war, weil er sich mit einem brennenden Dornbusch unterhalten hat. Die Bibel ist voller „Channelings". Einer hörte angeblich die Stimme Gottes, die ihm sogar sagte, er solle ihm seinen Sohn opfern. Kurz, bevor es dazu kam, hatte die Stimme dann doch noch ein Einsehen (Gen 22,1–19) ... Wie kann es sein, dass manche glauben von irgendwo her etwas zu hören?

Neben Teilcheneigenschaft besitzt Materie auch den Charakter von „Energie". Materie kann auch ausstrahlen. Um einen Magneten ist ein „Magnet-Feld". In der Physik versteht man darunter Wellen, die sich räumlich und zeitlich ausbreiten und ein veränderliches Feld schaffen. Ein Feld, das eben Energie und keine Materie durch den

Raum transportiert.[18] Einige dieser Felder kann man messen. Unsere Körper strahlen messbar Wärme aus. Jedes Teilchen dieser Erde hat also ein Energie-Feld um sich. Diese Energie können die wenigsten sehen oder spüren. Dennoch sind sie „da". Unterirdisches Wasser strahlt eine gewisse „Energie" aus, die Wünschelrutengänger spüren. Sollte man an dieser Stelle gebohrt werden, sehen auch die anderen das Wasser. Wir denken und sehen dreidimensional, d.h. wir begreifen, was Raum ist: Breite x Länge x Höhe. In der Mathematik hantiert man mit höheren „Dimensionen". Für mich es unmöglich, mir eine vierte Dimension vorzustellen, da ich räumlich verhaftet bin. Es ist, als ob man einer Fläche, die ja nur zweidimensional ausgerichtet ist, versucht zu erklären, was ein Würfel ist. Die uns umgebenden „Felder" oder die in uns „lebenden" Energien stellen wir uns daher ebenfalls dreidimensional vor. Aber wer weiß, welche Ebenen sie durchdringen oder wie viele Dimensionen sie umfassen?

Unsichtbares um uns herum

Als ich noch ein Kind war, besuchte ich meine Großmutter. Ihre Hand lag auf dem Tisch und ich wollte meine auf ihre legen. Bei der Berührung zuckte ich zurück. Sie stellte die rhetorische Frage, ob ich sie nicht mehr anfassen kann, weil sie bald sterben würde. Sie verstarb 14 Tage später. Ich denke, ich habe die Energie einer anderen Welt – einer anderen Dimension – gespürt. Das Feld meiner Großmutter hatte sich verändert. Ich denke, wir öffnen uns und machen uns bereit für das weitere Sein. Ich glaube es ist, als ob man sich in seinem eigenen Feld „öffnet" und dort in andere Bereiche – Ebenen oder Dimensionen – geht. Da diese sicherlich nicht nur

---

[18] Vgl. http://www.idn.uni-bremen.de/cvpmm/content/wellen/show.php?modul=3&file=67.10.06.2015

dreidimensional ausgerichtet sind, muss man wohl auf dieser Reise seinen Körper zurücklassen. Dass meine Hand zurückschnellte, als ich diese Energien spürte, bedeutet für mich nicht, dass es „dort" jetzt für mich gefährlich ist oder ich dort jetzt nichts zu suchen hätte, es war lediglich eine Reaktion meiner dreidimensionalen, buchstäblich körperlichen „Einstellung". Auf Neues und Unbekanntes reagiert unser Körper von „selbst": bei mir war es der Fluchtmodus. Mehr nicht.

Meine Großmutter hatte diese Energie bereits um sich, sie strahlte sie bereits aus. Ich komme immer wieder auf die Illusion der Zeit zurück. Wir brauchen die Vorstellung, dass sich unsere Energie unser Feld sich verändert. So wie ich Veränderung bei meiner Großmutter gespürt habe. Ich glaube aber, es ist alles immer und ewig „da". Ich habe mich natürlich gefragt, warum meine Oma mir dann nicht etwas „sagt" oder sich mir wieder „zeigt". Warum kann sie nicht für wenigsten kurz aus der „höheren" in meine „niedrigere" Ebene kommen, wenn doch alles da und eins ist? Ich glaube meine Oma würde auf mein Anliegen antworten, dass sie sichtbar sei und auch „da" wie immer. Ich würde sie nur nicht sehen können, weil ich nicht auf diese „Frequenz" eingestellt wäre. Es ist wie die Linien-Würfel-Sache. Ich sehe den Würfel einfach nicht, weil ich in einer anderen Ebene bin.

Nun gibt es Menschen, die können in diese anderen Welten bewusst blicken. Man bezeichnet diese Fähigkeit als Gabe. Ein Fluch kann es aber für andere sein, die das gar nicht möchten, Geister und andere nicht nette Herrschaften sehen oder spüren. Sollte es aber eine Richtung dieser Energien geben, läuft es meiner Ansicht nach aber nicht so, dass „sie" in unseren Frequenzbereich kommen – also in unsere Welt eindringen und uns heimsuchen, sondern wir in ihre. Wenn man Derartiges spürt oder sieht, richtet man die eigene „Antenne" danach aus. Ich habe Menschen kennengelernt, die wirklich Angst vor diesen Energien oder Kräften aus anderen Dimensionen haben. Sie haben Angst von ihnen eingenommen – besetzt – zu werden. Der Bruder einer Bekannten kann die Stimmen in seinem Kopf nicht abschalten. Er hat schwere Depressionen und schön öfter versucht, sich das Leben zu nehmen. Er ist in psychiatrischer Behandlung und bekommt starke Medikamente. Wie man so jemanden wieder in unsere „normale" Welt zurückbringen kann, weiß ich nicht. Es soll Menschen geben, die haben die Gabe, diese Türen für andere zu schließen. Ich habe sie nicht. Mir fehlt auch das Fachwissen zu unterscheiden, ob es sich um eine pathologische (Geistes-) Störung handelt oder um Ängste, die man „in den Griff bekommen" kann. Wenn man Angst hat, strahlt man dies aus. Auf oder mit dieser „Frequenz" scheint es, als ob man auch in Angst machende „Bereiche" ginge. Ich habe Ihnen bereits gesagt, es ist das „immer wieder passiert mir etwas". Es ist, als ob man sich seine eigenen Geister erschafft. Zur Erklärung: wenn jemand Angst hat, sich einen Fußpilz einzufangen, kann diese Angst das Immunsystem so beeinträchtigen, dass die Person dann auch tatsächlich einen bekommt – ohne dass sie ihre Füße in Dinge hält, in denen sich Fußpilze für gewöhnlich tummeln.

Wie mit dem Fußpilz soll man sich auch mit den „anderen" Energien anstecken können. Dass man mit der eigenen Nervosität oder Angst andere anstecken kann, habe ich Ihnen bereits erzählt (kurz zur Erinnerung: ein Pferd reagiert auf den Herzschlag eines gestresster Pferdebesitzers und will auch nur noch weg …). In Heilerkreisen wird beispielsweise davor gewarnt, sich bei der Heilarbeit nicht mit „Fremdenergien" aufzuladen. Ich war auf einigen Eso-Seminaren, bei denen der Kursleiter zu Beginn erstmals die Seelen(anteile), die einige Teilnehmer mitgebracht haben, ins Licht geführt hatte. Ich habe dort auch gehört, dass man da schon aufpassen und können muss, was man da tut. Das glaube ich auch. Ich glaube aber insbesondere auch, dass manche „Lichtbringer", nicht genau wissen, was sie mit den hier weilenden Seelen mit solchen Aktionen machen. Sie wissen mittlerweile, dass ich nicht glaube, eine Seele könnte den Weg nach „drüben" nicht schaffen und sie hier „fest-hängt". Wenn man glaubt, einen Menschen vor sich zu haben, an dem eine Seele oder sonst was hängt, dann ist es vielleicht „netter" sich vorstellen, dass dieser Mensch in entsprechende Frequenzen geht. Wie gesagt, ich glaube auch, dass es „richtungsmäßig" so läuft …

In meinem Bekanntenkreis durfte ich vielen Menschen mit der Ho-möopathie helfen. Für die Wahl des Arzneimittels *arsenicum* kann neben anderen Symptomen sprechen, dass die Person sehr viel an Verstorbene oder an den Tod denkt. Die Gedanken haben diese „Frequenz", gehen also in diese Richtung oder sind auf dieser „Wel-le". Ein Schamane würde vielleicht bei dieser Person „See-len(anteile)" vermuten. Mit den eigenen Gedanken schafft man sich ein Energiefeld. Mit Änderung der „Einstellung" ändert sich auch dieses!

Menschen, die mir erzählen, dass sie Angst haben, von negativen Kräften heimgesucht werden und auch schon unangenehme Erleb-nisse in diese Richtung hatten, kann ich nur sagen, dass sie selbst auf diese Frequenzen gehen. Sie haben es in der Hand – und nicht ir-gendwelche Mächte sie. Es ist nicht leicht, seine Ängste in den Griff zu bekommen. Ich weiß, von was ich spreche … Der erste Schritt ist den Widerstand aufzugeben. Damit ändert sich schon mal eine wenig die eigene „Einstellung". Ich werde oft auch nach geeigneten Schutzmaßnahmen gefragt. Ich tu mich dann etwas schwer, weil ich ja nicht glaube, dass da irgendjemand oder etwas „rein" will. Was man meiner Ansicht nach tun kann, ist, das „geistige Immunsystem" aufbauen.

Um zu erklären, was ich damit meine, möchte ich wieder einen kleinen Abstecher ins Tierreich machen. Schwache, abgemagerte Wildtiere haben einen stärkeren Parasitenbefall als gesunde Tiere. Parasiten findet man nicht nur äußerlich auf der Haut – insbesondere Zecken – sondern auch in den inneren Organen, wie Dasseln in den Lungen oder Würmer im Darm. Ich glaube nicht, dass diese Parasiten das Tier krankgemacht haben, sondern durch eine Schwächung des Immunsystems überhaupt Zugang erhalten haben. Die Energie des Körpers schwingt in einem Bereich, der den Parasiten sagt, dass es hier etwas zu holen gibt. Das Tier strahlt sozusagen eine „Zecken- oder Parasiten-Frequenz" aus. Der Geruchsinn ist sicherlich eine Möglichkeit diese Frequenz zu „spüren". Ein krankes Tier riecht anders als ein gesundes. Wenn ein Tier gestorben ist, werden durch den „Aasgeruch" auch bestimmte Tiere wie Geier, Hyänen oder Fleischfliegen „angezogen".

Man bezeichnet auch manche Menschen als Aasgeier oder Blutsauger. Wenn man es mit ihnen zu tun hat, kann man das Gefühl haben, dass sie einem den letzten Nerv oder die letzte Kraft rauben. Man empfindet ihre Energie, ihr Feld als negativ. Ein „Blutsauger" braucht aber einen „Wirt". Etwas muss ihm „zeigen", dass es hier etwas zu holen gibt. Die Richtung ist eine andere. Nicht der andere schwächt mich, sondern zeigt mir, wo es bei mir (noch) „fehlt". Man sagt, ein gesunder Geist ist in einem gesunden Körper. Unser Immunsystem kann durch viele Dinge „herunterfahren" – auf eine andere Frequenz gehen. Für mich kommt der Impuls immer aus der mentalen Ecke. Angenommen es gibt da eine Nachbarin, die man als wahren Drachen empfindet. Nach einem „Plausch" über die Gartenhecke fühlt man sich regelrecht ausgelaugt oder auf sämtliche Palmen dieser Erde gebracht und es wird mit jedem Male schlimmer. Dass es immer schlimmer wird, hängt mit der Konditionierung des Körpers zusammen. Der Körper lernt, wenn er die

Nachbarin sieht, sofort alle notwendigen Chemikalien für „Gefahr" nicht nur produzieren, sondern sogar immer bereitstellen muss. Für das körpereigene Immun- und Abwehrsystem ist das allerdings nicht förderlich ... Das geistige und damit auch das körperliche Immunsystem kann man nur „schützen", wenn man die Frequenz ändert – die Einstellung. Wenn man sich in Ruhe einmal anschaut, was die Nachbarin aus oder mit einem machen kann, gewinnt man schon mal Abstand zu dem Gefühl. Es hilft auch, sich mal anzuschauen, weswegen die Nachbarin sich dauernd mit einem streitet.

Ich hatte eine Nachbarin, die war sehr „konsequent" in Sachen deins und meins. Während der Bauphase hier in Italien konnte es passieren, dass die Handwerker, etwas auf ihrem Grund abgestellt hatten und schon war wieder sonst was los. Die Nachbarin lebte nicht auf dem Anwesen, aber sobald etwas auf ihrem Grundstücksanteil kurz geparkt wurde, war sie da – als hätte sie es „gerochen". Ich konnte nicht verstehen, warum es so „schlimm" ist, wenn da mal für kurze Zeit was steht. Über die „Einstellung" meiner Nachbarin habe ich mich also ziemlich aufgeregt. Ich muss zu meiner Verteidigung sagen, dass sie auf ihrem Grundstück allerhand „Material" rumstehen hatte, das nicht gerade eine Augenweide war. Wir sprechen hier nicht von einem gepflegten Garten oder so ... Auch waren die Grundstücksgrenzen für einen nicht Eingeweihten nicht erkennbar. Ich habe aber dann bemerkt, dass ich genauso bin. Wenn jemand einfach so über mein Grundstück gehatscht ist, wurde ich auch sehr „deutlich" ... Mein geistiges Immunsystem habe ich gegen derartige „Angriffe" nun gestärkt, indem ich Eindringlingen etwas freundlicher zu begegne und vor allem nicht von anderen erwarte, dass sie bitteschön freundlich zu mir sein sollen. Mit meiner Nachbarin habe ich mittlerweile übrigens ein super Verhältnis: sie hat mir ihren Grundstücksanteil endlich verkauft. Wir verstehen uns so gut, dass sie es war, die mich zu der *maga* aus dem Kapitel „Öl und Wasser" begleitet hat ...

Es gibt viele Dinge, die einem Kraft geben und, das geistige Immunsystem stärken. Nochmals, ich glaube nicht, dass die eigene Kraft „weggeht", oder gar gestohlen wird, sondern nur etwas abgelenkt ist und nur wieder in die richtigen Bahnen gelenkt werden muss oder einfach ihre Frequenz oder Schwingung geändert werden sollte. Ich liebe Kerzen. Ich zünde mir sehr oft eine Kerze für meine „Erleuchtung" an. Wenn ich sie ausmache, bitte ich darum, dass dieses Licht in meinem Herzen weiter leuchten möge. Versuchen Sie auch zwischendurch einige Dinge „anders" zu machen. Ich habe Ihnen erzählt, was allein die Umstellung meines Tagesablaufs bei mir gebracht hat. Fangen Sie mit kleinen Dingen an. Es reicht schon beispielsweise aus vor dem Essen eine Kerze auf dem Tisch anzuzünden, um sich und das Essen zu segnen. Es gibt viele dieser kleinen „Rituale", durch die man sich bewusst in eine bestimmte Richtung begibt. Umso mehr man lernt, seine Gedanken und Einstellungen zu lenken, umso mehr schwinden auch Ängste oder andere unangenehme Gefühle. Man findet immer mehr zu sich selbst.

Hinsichtlich der Rituale, die Sie machen, kann ich Ihnen nur einen wohlgemeinten Rat geben, immer Ihre Absicht dahinter zu betrachten. Ein kleines Beispiel zum Verständnis: angenommen ich hätte den Namen der Frau Nachbarin auf einen Zettel geschrieben und diesen dann in einen Fluss oder ins Feuer geworfen mit der Absicht oder dem Wunsch, dass sie endlich mal Ruhe gibt und mich in Frieden lässt. Das wäre Manipulation oder schwarze Magie gewesen. Man will, dass ein anderer etwas macht oder nicht mehr macht ... Hinter so einem Ritual steckt nicht (bedingungslose) Liebe, sondern Wut. Aus (Selbst-)Liebe würde man um ein friedliches und harmonisches Nachbarschaftsverhältnis bitten und vor allem um

Erkenntnis. Erkenntnis darüber, wo „es" bei einem selbst noch hapert …

Meine Nachbarin war früher für mich ein „böser Geist". Das war sie aber in „Wirklichkeit" nie! Was ich für sie war, möchte ich gar nicht wissen … Als ich meinem eigenen „bösen Geist" auf die Spur gekommen bin, änderte sich meine Einstellung und auch meine Umwelt. Sie kommt hin und wieder vorbei. Ihr Sohn hat ihr in der Nähe ein kleines Camping-Häuschen auf einem seiner Felder hingestellt. Wir stören uns gegenseitig nicht mehr. Ich möchte sogar behaupten, dass wir uns eigentlich gern mögen. Ich sagte ihr einmal, dass ich sehr froh wäre, dass wir nun nicht mehr streiten. Sie antwortete mir, ich solle mir keine Sorgen machen, wir würden es – das Streiten! – schon mal wieder tun … Jedes Mal, wenn ich sie jetzt sehe, muss ich an diesen Satz denken und lachen. Andere machen sich Sorgen um ein friedliches Miteinander und wir beide, dass wir uns vielleicht nicht mehr in der Wolle haben könnten … Ihre Antwort zeigt mir aber auch, dass wir beide zwar irgendwie noch die „Alten" sind, dass sich aber unser Energie- oder Informationsfeld veränderte.

Niemand kann Ihnen die Energie „rauben". Es kann lediglich sein, dass man auf andere „Frequenz" geht. Esoterisch ausgedrückt: man schwingt anders. Und das geht auch wiederum nur, wenn ein „wunder Punkt" in einem selbst getroffen wird. Und diesen kann man heilen – durch Änderung der eigenen „Einstellung". Ob dieses anders „Schwingen" nun „schlecht oder gut" ist, lässt sich damit ganz einfach beantworten: es bringt Sie letztlich immer mehr zu sich SELBST, der (höchsten) einzigen Schwingung. Durch das Außen erkennt man, wie es bei einem Selbst innen aussieht. Alles spricht mit einem. Auch Orte oder Häuser. Dazu mehr im Folgenden.

Kraftplätze

Ich kaufe nicht gerne – daher eigentlich nie – in großen Einkaufs-
zentren ein. Die tun etwas mit mir. Es kann auch nur die Luft und
die Neonbeleuchtung sein – oder die Musik, die mich plemplem
machen (insbesondere zur Vorweihnachtszeit). In Städten habe ich
mich noch nie gerne aufgehalten. Mittlerweile bringt man mich nur
noch in „Notfällen" in eine, wenn ich z.B. auf ein Amt muss. Mir ist
hinterher schlecht und ich habe Kopfschmerzen. Die Übelkeit
kommt wahrscheinlich von den Abgasen in den Städten. Die Kopfschmerzen können auch daher rühren, dass ich versuche den Wegen der Bürokratie auf dem jeweiligen Amt zu folgen. Ähnlich fühle
ich mich, wenn ich „auswärts" esse. Auch das mache ich nur noch
in Notfällen. Abends auszugehen weigere ich mich schon seit Län-
gerem. Ich habe meinen „Rhythmus", wie ich Ihnen bereits erzählt
habe und wenn ich zu spät ins Bett komme, dann schlafe ich nicht
ausreichend und bin am nächsten Tag reizbar. Wozu soll ich mir
das antun? Zu mir auf den Hof kommt übrigens einmal die Woche
ein Lebensmittelhändler mit seinem kleinen Lastwagen. Einkaufen
kann auch entspannt ablaufen. Es ist niemand hinter mir, der mir
den Einkaufswagen in die Kniekehle schiebt – ich muss an keiner
Kasse warten und werde auch nicht angemotzt, wenn andere hinter
mir warten müssen, weil ich zu lange beim Einpacken brauche. Mit
Tiziano, so heißt der Lebensmittelhändler, spreche ich über interessante Dinge wie das Wetter oder das Legeverhalten meiner Hühner
…

Ich bin relativ friedlich und munter, wenn ich zu Hause bin und
den Dingen auf meine Art und Weise nach gehen kann. Ich würde
mich nicht als menschenscheu bezeichnen. Ich mag nur nicht viele
auf einmal. Müsste ich in einer Großstadt leben, würde ich sicher
depressiv. Jede Stadt hat ihr eigenes Flair, sagt man. Es gibt schöne
Städte und weniger schöne. So wie jeder einzelne von uns ein Ener-

giefeld hat, so hat auch jede Stadt ihre Geschichte und lebt durch die Menschen, die in ihr leben. Jede Stadt hat auch so ihre Ecken, von denen man sagt, dass man sich dort besser nicht aufhält. Es sind Ecken, die als gefährlich gelten und an denen Verbrechen zur Tagesordnung gehören. Es sind keine friedlichen und ruhigen Ecken, sondern „dunkle". Selbst wenn man sie „säubert", verlassen sie die Stadt nicht. Sie tauchen an einer anderen Ecke wieder auf. Überall auf der Welt findet man die „guten" und die „dunklen" Orte. Es scheint, als teile man die ganze Erde unter diesem Kriterium auf: man spricht sogar vom „schwarzen Kontinent". Die Antarktis, die wirklich „weiß" ist, würde ich jetzt allerdings nicht gerade als Wohlfühl-Ort bezeichnen …

Wer sich aber wie und wo, warum wohlfühlt, ist für mich eine Frage der „Frequenzen", die der Ort hat und mit denen man umgehen kann oder eben nicht. Natürlich könnte man sagen, das mit dem Energieniveau eines Ortes oder Platzes wäre reine „Glaubenssache". Ich glaube aber, dass selbst der schärfste Kritiker Probleme hat, auf einem Friedhof gut durch zu schlafen … Aber warum?

Um diese Frage zu beantworten, möchte ich zunächst unsere eigenen vier Wände betrachten. Vor über 20 Jahren habe ich die Ausbildung zum Feng Shui Berater gemacht. Das war damals „in". Feng Shui beschäftigt sich insbesondere mit den „Energien" im eigenen Heim. Die Energie des Ortes, des Haus oder der Wohnung soll gemäß der Theorie von Feng Shui die Gesundheit und das Wohlbefinden des Bewohners beeinflussen. Um gesund zu werden oder zu bleiben, behandelt man nicht nur den eigenen Körper, sondern auch den sich umgebenden „Körper" – das eigene Heim. Unser Zuhause spiegelt nach Feng Shui uns selbst. Das bedeutet einmal, dass man sich das Haus aussucht, in dem man lebt, weil dessen Macken zu einem „passen". Auf der andere Seite kann man durch bewusste Gestaltung zum Beispiel der Einrichtung oder Wahl des geeigneten

Schlafplatzes, Einfluss auf den eigenen Körper und sogar auf das eigene Schicksal vornehmen. Ich fand das damals sehr spannend. Weniger spannend fand ich einige „Einrichtungsgegenstände", die angeblich die Energie anheben sollten: wie Flöten, Drachen oder Fächer … Interessant fand ich dagegen, was alles die Energie eines Hauses beeinflussen kann. Neben Störfeldern wie Wasseradern, Funkwellen oder Elektrizität wurden auch „Fremdenergien" aufgelistet. Unter Letzteren verstand man Energien, die von Friedhöfen, ehemaligen Kultplätzen oder „geistigen Besuchern" ausgingen.

Der chinesische Feng Shui Lehrer erzählte während eines Kurses, er wäre mal zu Besuch bei einer Schamanin gewesen. In deren Haus sollen Geister ein und aus gegangen sein. Er meinte, ein anderer Mensch mit einem „niedrigeren spirituellen Grad" würde es in diesem Haus nicht aushalten, und falls er darin wohnen müsste, würde er sehr krank werden. Die Schamanin fühlte sich dagegen nicht durch deren „Präsenz" belästigt. Ihr Geisterhaus störte sie nicht. Falls Sie mich fragen, ob ich an Gespenster glaube, antworte ich ausweichend: ich glaube nicht, dass sie mir etwas anhaben können.

Viele spüren, dass in Räumen oft nicht so gutes passiert ist. In manchen Häusern scheint es, als ob sich wirklich in den Ecken etwas verheddert hat. Ich habe einige „Hausreinigungen" außerhalb meiner eigenen vier Wände hinter mir und ich habe mich oft gefragt, warum gewisse „Energien" (noch) zu spüren sind und nicht einfach irgendwann von selbst verschwinden. Ich war in einigen Räumen, wo es schien, dass keine Luft zum Atmen da war. Manche Zimmer schienen dunkel, trotz großer Fenster. Manchmal hatte ich auch den Eindruck, dass von einzelnen Möbelstücken etwas „ausging". Mir erschien es, als ob Gedanken, Worte und Handlungen der Menschen an den Wänden festklebten. So in der Art stelle ich mir das auch tatsächlich vor. Viele kennen die Bilder der Wasserkristalle von Masaru Emoto[19]. Wasser wurde mit schöner Musik und netten Worten berieselt und es formte dementsprechend hübsche Kristalle. In Häusern, wo viel gestritten wird oder keine guten Gedanken gehegt werden, glaube ich, geschieht Ähnliches mit der Luft, den Mauern und den Möbeln. Diese wiederum strahlen das wieder zurück. Und so geht das Ganze hin und her – oder rauf und runter … Es hallt buchstäblich von den Wänden wider. Ich habe Ihnen vorher versucht zu erklären, wenn Sie selbst auf „negativ" geeicht sind, hat es das Schöne schwer gesehen zu werden. Es ist da – nur erreicht seine „Schwingung oder Frequenz" nicht die Ihre. Wenn Sie das Gefühl haben, dass in Ihrem Haus „negative Energien" zu Gange sind, dann putzen Sie mal gut durch. Sollten Sie Schutzsymbole gegen „böse Geister" aufhängen wollen, denken Sie bitte daran, dass Sie vielleicht manchmal auch nicht so ein „guter Geist" sind. Wollen Sie sich selbst aus Ihrem Haus vertreiben?

Ich wasche regelmäßig meine Wände und die Decken. Nebenbei bete ich das Ave Maria. Nicht weil ich so katholisch bin. Ich mag es einfach. Es hat so einen schönen Singsang. Es ist irgendwie „weiblich" und passt für mich daher zum Putzen. Es geht um Gebären und Beistand, ich finde es einfach nett. Nach meiner Trennung von meinem Ehemann habe ich unsere gemeinsame Wohnung „gewaschen" – ich bin nicht mit Räucherwerk oder Ähnlichem durch die Zimmer marschiert. Ich habe die Wände mit einfachem Putzmittel gewaschen und nebenbei die Maria gegrüßt. Wir hatten damals eine Putzfrau, die nach meiner Putzaktion zu mir kam. Sie meinte, es täte den Räumen so gut, dass weniger Möbel drin wären, dass sie leerer wäre. Es wäre jetzt mehr Platz. Ich hatte kein einziges Möbelstück verrückt oder entfernt …

---

[19] Vgl. Masaru Emoto: Die Botschaft des Wassers: Sensationelle Bilder von gefrorenen Wasserkristallen, Koha-Verlag 2010

Sie kennen ja mittlerweile meine Einstellung bezüglich „negativen Energien". Ich glaube nicht, dass ich diese „vertrieben" oder die energetischen Hinterlassenschaften von Streit umgewandelt – transformiert – habe. Alles ist immer gleichzeitig da. Was man sieht, hört oder spürt ist nur eine Frage der Einstellung – d.h. auf welche Frequenz man selbst geht. Unsere damalige Wohnung strahlte die von uns ausgehende Energie zurück. Wir haben bildlich gesprochen die Atome in der Luft, den Wänden und den Möbeln „niedriger" schwingen lassen, dadurch, dass wir uns auf ein „niedrigeres" Niveau begeben haben. Das können auch andere Menschen sehen oder spüren, weil sie diese Frequenz kennen. Sie haben bereits Erfahrung mit dieser Frequenz. Wenn man ein „niedriges" Energieniveau als störend empfindet, hat man meiner Ansicht nach irgendwo noch ein Problem damit. Man ist immer noch in diesem Bereich verhaftet und „sieht" keine andere Frequenz. Mit meiner Waschaktion habe ich auch mein eigenes Gedankengut gereinigt …

Sie erinnern sich, dass ich glaube, dass Zeit nur eine Illusion ist und alles gleichzeitig geschieht: die Vergangenheit, die Gegenwart und die Zukunft. Wenn man wie mein Feng Shui Lehrer glaubt, dass in dem Haus der Schamanin Geister durch die Gänge huschen, ist das meiner Meinung nach als ob er einen Blick in die Vergangenheit erhascht hatte, in der tatsächlich an diesem Ort jemand spaziert ist – und dies ohne den Zeitbegriff immer noch tut. Ob so ein „Zeitfenster" offen ist oder nicht, hängt von der Energie des Betrachters oder Bewohners ab. Um es wieder zu schließen, muss man „einfach" auf eine andere Frequenz „schalten".

Wenn man in den eigenen vier Wänden unangenehme Energien spürt, bekommt man meistens Angst. Je nach Glaubensrichtung ruft man dann vielleicht einen Priester mit Weihwasser oder jemanden mit Räucherwerk und Trommeln zur Hilfe – oder man macht selbst etwas. Ich habe Ihnen gesagt, dass die Absicht, mit der man etwas macht von großer Bedeutung ist. Eine liebevolle Hausreinigung ist für mich sicher wirksamer, als wenn man die Energien „vertreiben" möchte. Wie gesagt, für mich ist das gar nicht möglich, weil sie auch immer „da" sind. Wirkungsvoller ist es für mich daher zu bitten, dass der Bewohner die schönen Energien hören, sehen oder spüren darf ...

Die eigenen Gedanken, Worte oder Handlungen gehen nicht verloren. Sie sind für mich in dem großen göttlichen Bewusstsein „gespeichert". Im „Kleinen" zeigt sich das bis in unsere vier Wände. In allem auf dieser Welt ist dieses Bewusstsein oder diese „Energie". Ein Ort ist nicht für sich böse oder schlecht. Er wird dazu „gemacht". Seine Frequenz passt sich sozusagen an und diese Frequenz spürt man und man wird selbst wieder davon beeinflusst. Ich könnte nicht in einem ehemaligen Schlachthof wohnen. Meine geistige Kraft würde (noch) nicht ausreichen, um die Erinnerung an den Tod oder des Leides der Tiere nicht mehr zu „spüren" und in diesem Ort die „Frequenz" von Wohlbefinden und Liebe zu „sehen". Als ich noch in Deutschland lebte, war ich allerdings oft in einem ehemaligen Schlachthof zum Malen. Die Stadt hatte aus ihm einen Ort für Künstler gemacht. Es gab dort Mal- und Zeichenkurse. Es wurden auch Kinder und Jugendliche dort unterrichtet. Die „Energie" an diesem Ort empfand ich alles andere als „schlecht". Die Freude der Menschen, die dort künstlerisch tätig sein durften, hatte ihn für mich „verändert". Vielleicht fragen Sie sich, wie man an so einem Ort überhaupt kreativ sein kann. Viele der ansässigen Künstler waren sehr glücklich, ein Gebäude kostenfrei zum Arbeiten und für Ausstellungen zur Verfügung gestellt bekommen zu haben. Dieses Glück brachten sie für mich auf diese Art hinein: sie sahen es und daher konnten es andere auch sehen ...

Im Zuge meiner „energetischen Laufbahn" habe ich einige Plätze, Häuser oder Pferdeställe gesehen, von denen ich sagen kann, dass die Energien dort nicht „gut" waren. Die Energie eines Raumes wird beeinflusst, durch das, was in ihm geschieht oder geschehen ist. Wir oder die von uns scheinbar getrennten Ereignisse (Taten, Gedanken, Worte) gestalten den Raum. Wir sind (auch) der Raum! Unser Geist wird auf diese Weise „sichtbar". Er spiegelt sich im Raum und durch den Raum - unabhängig davon, wie groß dieser Raum nun ist: ein Zimmer, eine Wohnung, ein Haus, ein Dorf, eine Stadt, ein Land oder ein Kontinent. Ich habe einige Häuser energetisch „durchleuchten" dürfen. Sogenannte negative Energien fand ich insbesondere in Form von Elektrosmog, Funkwellen und in ungesunden, giftigen Baumaterialien. Ich nenne sie die Dämonen unserer heutigen Zeit. Genauso wie ich glaube, dass man böse Geister nicht „vertreiben" kann, sondern durch Änderung der eigenen „Einstellung" nicht mehr sieht oder als störend empfindet, glaube ich, dass man den krankmachenden Strahlungen oder Umweltgiften nicht einfach so entkommt. Es befinden sich sehr viele Produkte auf dem (Eso-) Markt, die diese Belastungen entstören sollen. Ich habe etwas Mühe damit …

Meiner Ansicht nach sind unsere Körper nicht dafür gemacht, mit diesen „Strahlungen" (auf Dauer) zu Recht zu kommen. Ich bin keineswegs ein Gegner der modernen Technik. Ich finde es immer noch unglaublich, via skype meine Tante, die in Israel lebt, bei einem Gespräch über diese Entfernung zu sehen. Ich bin unendlich dankbar für die Erfindung „Internet". Ich hoffe aber, dass es Forschern der Umwelttechnologie gelingt, Strahlen (Frequenzen) zu finden, die in Harmonie mit unseren Körperenergien sind.

Ich habe versucht, Ihnen zu vermitteln, dass alle „Heilung" in uns selbst liegt. Vor vermeintlichen Flüchen „schützt" man sich, wenn man selbst niemanden mehr verwünscht – vor allem sich selbst und sein Leben. Von Manipulation befreit man sich, wenn man andere „sein lässt". So lange man selbst auf einer dieser „Wellen" kann einem auch alles passieren, was in diesem Frequenzbereich umher-schwirrt oder schwingt. Daher glaube ich, solange man Strom, Han-dys oder andere Energieträger benützt – also auf ihrer „Welle" ist – können sie einen „erwischen". Es gibt sicher meditative Techniken, die helfen, sich deren Frequenzbereich vorübergehend oder teilweise zu entziehen. Aber ich glaube nicht, dass es einem gelingt, irgend-wann nicht davon berührt zu werden. Ich stelle mir das so vor, dass der „Geist" (unbewusst) ständig damit beschäftigt ist, sich diesen Frequenzen nicht anzupassen. Für andere „Dinge" bleibt dann we-niger „Raum"...

Ich habe „gespürt", dass an den Orten, die stark mit Störfeldern be-lastet waren auch mehr „andere" Energien zu spüren waren wie: Streit, Ängste, Nöte. Das Schöne schien schwieriger sichtbar zu sein – man hatte mehr Mühe auf diese „Frequenz" zu gehen. Was aber tun? Ich glaube nicht, dass man sich „geistig" so entwickeln kann, dass einem etwas von „Natur aus Krankmachendes" nicht mehr stört. Glaubt man wie ich, dass (geistige) Entwicklung – das wieder zu sich selbst Finden – als Motiv bedingungslose Liebe mit sich bringt, was hätte man in diesem Fall erfahren? Eigentlich, dass man das Leben nicht zu respektieren braucht. Das kann es aber doch nicht sein, oder?

Was aber kann man bis wir „soweit" sind, GEGEN diese Strah-lungseinflüsse machen, wie sich schützen? Ich habe das GEGEN groß geschrieben, damit Sie verstehen, dass jede Schutzmaßnahme immer ein „Kampf" bleibt, selbst wenn man sie mit den Worten wie „harmonisieren" oder „transformieren" schön färbt. Ich habe oben schon angesprochen, dass es einige Dinge auf dem Markt gibt, die angeblich negative Strahlungen entstören. Welche tatsächlich funk-tionieren und welche nur Humbug sind, müssen Sie selbst heraus-finden. Es kann auch durchaus sein, dass jemand, der an so ein „Hilfsmittel" absolut und bedingungslos glaubt, tatsächlich die geistige Kraft aufbringt, um von diesen einströmenden Frequenzen nicht mehr beeinflusst zu werden. Es gibt ja auch sehr viele, die „glauben", wenn sie ihr Handy in der Brusttasche den ganzen Tag mit sich herumtragen, würde das nichts machen ... Ich habe festgestellt, dass es einige homöopathische Mittel gibt, denen es gelingt die Strahlungsauswirkungen etwas „auszugleichen". Das kann man jetzt auch glauben oder nicht ... *Magnetis polus articus* testet bei meinen Freunden, die unter Funkwellenbelastung leiden. Bitte nehmen Sie aber nicht einfach dieses Mittel. Jede homöopathische Arznei hat eine Vielzahl von mentalen, funktionalen und organischen Auswirkungen. Wie jede Medizin soll sie nur in Rücksprache mit einem Arzt oder Heilpraktiker eingenommen werden!

Meine Tante hat Versuche gemacht, indem sie Steine gegen Elektrosmog programmiert hat. Es handelte sich dabei aber nicht um teure Steine – das nur nebenbei – sondern um einfache Steine, die man überall finden kann. Ich glaube, dass einige Menschen die geistige Kraft besitzen, Gegenstände in eine bestimmte Schwingung („Frequenz") zu bringen. Das können wir letztlich alle. Wir hinterlassen überall unsere geistigen „Abdrücke"...

Dass diese Abdrücke manchmal nicht ganz schön sind, hat für mich einen Grund: Für mich verlieren wir immer mehr den Bezug zu dem, was „lebt" – was „Leben" ist. Warum aber machen das? Warum sind wir „so"?

Ich habe nur eine Antwort für mich: aus Angst. Die Menschheit hat sich technisch weiter entwickelt, ist aber „menschlich" ziemlich stehen geblieben. Es bringt nichts, die wissenschaftlichen Errungenschaften oder die Mächtigen zu verfluchen, wie ich Ihnen bereits nahe gelegt habe. Wie verändert man aber die Welt?

Die Welt verändern?

Vielleicht eilen Heerscharen von Engeln oder anderen Lichtwesen herbei, um uns und die Erde vor der kompletten Zerstörung zu retten. Ich glaube aber eher, dass wir das selber machen müssen. Ich glaube auch, dass sich die Erde selbst etwas einfallen lässt. Vielleicht lassen sich auch ihre himmlischen Schwestern oder Brüder etwas einfallen. Wenn der Planet Erde aus dem Sonnensystem verschwindet oder nicht mehr so ist, wie er sein sollte, könnten die anderen Himmelskörper schon auch etwas aus dem Gleichgewicht geraten. Alles hängt miteinander zusammen, ist verbunden … Wenn ich die Erde wäre, dann würde ich mich schon mal kräftig schütteln, um ein paar von uns „Parasiten" los zu werden. Aber sind wir das? Sind wir die Parasiten dieser Erde oder ihre Kinder?

Sollten wir die Kinder dieser Erde sein, wie würde sie sich wohlfühlen, weil wir uns so aufführen? Wir bekriegen uns gegenseitig und fressen sie dann buchstäblich auf. Was würde eine Mutter in einer derartigen Situation machen? Wenn sich Handlungen tatsächlich auf zwei Motivationen reduzieren lassen – Liebe oder Angst – was würde die Erde aus Angst machen? Eigentlich genau das, was wir die ganze Zeit machen. Sie würde gegen uns Krieg führen oder sie hat so viel Angst, dass sie gar nichts mehr macht und sich zerstören lässt. Was würde sie aus Liebe machen? Nicht aus der Liebe, von der wir so täglich sprechen, bei der ständig ein „aber" lauert. Sondern wirklich aus einer bedingungslosen Liebe?

Ich glaube, dass man jemanden anderen nur so lieben kann, wie man sich eben selbst gern hat. Wenn jemand zu mir sagt, er habe dem Partner alles gegeben, was er hat – seine ganze Liebe – und mir dann gleichzeitig erzählt, dass er sich selbst nicht so toll findet, dann frage ich mich schon, was der andere dann wohl bekommen hat ... Mutter Erde muss sich selbst also auch ganz fest lieb haben, um uns dieses Gefühl überhaupt entgegen bringen zu können. Bedeutet das, dass sie nicht sterben darf? Muss sie sich am Leben halten? Auf sich selbst achten? Das ist ja genau das, was wir immer sagen: „Du musst auf dich selbst schauen! Grenzen stecken! Auch mal Nein sagen können!" Wie aber würde so ein „Nein" von Mutter Erde ausschauen ...?

In der Esoszene wird viel über die Erhöhung der Erdschwingung gesprochen. Das bedeutet, die Erde bewegt sich nun in eine andere (Bewusstseins-) Dimension. Alle diejenigen, die dieser Schwingung nicht entsprechen, würden dann „gehen" müssen. Ich mag diese Aussage nicht besonders. Sie macht mir Angst! Denn ich muss mich fragen, ob ich schon so „hoch" schwinge, dass ich da bleiben darf, oder ob ich hops gehe. Wenn mir etwas Angst macht, habe ich mir angewöhnt, dasjenige genauer anzuschauen. Wenn die Erde auf eine andere „Frequenz" geht, also ihre Einstellung ändert, dann passieren ihr bestimmte Dinge nicht mehr. Ihr geht es wie uns. Wenn wir Angst haben, kommt auf dieser „Welle" auch so einiges daher ... Unser Körper „leidet" darunter und reagiert. Unser Immunsystem wird geschwächt und öffnet Tür und Tor für „Krankheiten" oder eben auch Parasiten. Nehmen wir als Parasiten mal Würmer. In einem gesunden Darmmillieu fühlen sich Würmer nicht wohl – sie kommen erst gar nicht rein. Wer schon mal eine Darmsanierung hinter sich hat, weiß das es gar nicht so einfach ist, alles wieder in Ordnung zu bringen. Ich habe es erst geschafft, nachdem ich etwas in meinem Oberstübchen gerichtet, also erst einmal die mental die Voraussetzung für eine Heilung geschaffen hatte. Dass man das eigene Immunsystem durch ausreichende Versorgung mit Vitaminen und Mineralien unterstützen kann, steht außer Zweifel. Menschen, die unter Eisenmangel gelitten haben, wissen, wie man sich dabei fühlt. Unserer Erde entziehen wir jeden Tag mehr und mehr. Woher wissen wir, dass sie aber nicht auch ihr Eisen zum Überleben benötigt? Das Thema „Entgiftung" zur Unterstützung des Körpers füllt immer mehr Bücher. Was machen wir aber mit der Erde? Wir müllen sie jeden Tag mehr zu. Wenn man uns so betrachtet, sind wir eher die Parasiten dieser Erde …

Diese Betrachtung wirft aber eine Frage auf: wie sind wir überhaupt auf die Erde „reingekommen"? Ist ihr Immunsystem durch etwas so geschwächt worden, dass es auf die Frequenz „Mensch" heruntergefahren ist? So wie ein schwaches Immunsystem bei uns Bakterien oder Viren nicht mehr aufhalten kann? Oder hat sie sich auf die Frequenz „Mensch" eingestellt und ihn damit erst „erschaffen" oder seine Existenz ermöglicht? Auf letztere Frage würde ich gerne mit „Ja" antworten. Denn bei einem „Ja" würde es keine Rolle spielen, ob wir Parasiten oder Kinder der Erde wären. Wir sind weder wichtig noch unwichtig. Wir wären ein Spiegel für die Erde und sie ist ein Spiegel für uns. Sie erkennt durch uns, was oder wer sie eigentlich ist. Genau wie wir durch sie Erfahrungen sammeln und damit erfahren, wer wir wirklich sind. Sie ist, wie wir und wir sind wie sie. Sie hat ihre schönen Fleckchen Erde und auch etwas wüste. Sie ist erregt, zittert und hat starke Seiten und schwache Stellen. Wie wir hat sie zu kämpfen mit Krankheiten, unfolgsamen Kindern oder eben auch mit Flöhen oder anderen Parasiten.

Gott oder die Quelle erkennt sich nach meinen Glaubensvorstellungen durch und in seiner Schöpfung. Alles ist durchdrungen vom göttlichen „Geist" – dem höchsten Bewusstsein. Auch die Erde ist nicht „totes" Material, sondern lebt. Hinter diesem Leben steht das Allbewusstsein. Um den eigentlichen vollkommenen Seins-Zustand zu erkennen, braucht es „Entwicklung". Die Erde war vor etwas längere Zeit ein nicht sehr lebensfreundlicher Ort. Astrophysikalischen Berechnungen zufolge wird sie auch nicht ewig leben. Sie macht also irgendwie das Gleiche mit und durch wie wir …

Ich glaube auch, dass sie schon auch Angst hatte, wenn Meteoriten auf sie einstürzten. Vielleicht hatte sie diese ja gerade durch das Gefühl der Angst „angezogen"? So wie uns einiges (immer) wieder passiert, wenn wir auf einer bestimmten „Welle sind". Wie wir hat auch die Erde eine „Ausstrahlung" – ein Energiefeld, in dem nicht nur ihre eigenen Erfahrungen im scheinbaren Zeitablauf, sondern alle – dem eigentlichen Seins-Zustand – gespeichert sind. Es gibt Theorien nach denen dieses Energie- oder Informationsfeld die Morphogenese also die Gestaltwerdung aller Organismen sowie der Verhalten organisiert. Bereits Anfang der 20-er Jahre des letzten Jahrhunderts haben die Wissenschaftler Gurwitsch, Spemann und Weiss diese Hypothese aufgegriffen, die dann Ende der 80-er von Waddington und von Sheldrake weiter verfolgt wurde. Diese Informations- oder Energiefelder „sagen" den Ameisen wie sie ihre Hügel bauen oder wie sie überhaupt ihre Form als Insekt erhalten.

„Spinnt" man diese These weiter, so können auch in Abhängigkeit von der „Veränderung" oder „Entwicklung" eines solchen Informationsfeldes „Neues" geschaffen werden. Ich habe die Wörter Veränderung und Entwicklung in Anführungsstriche gesetzt, weil ich glaube, dass alle Information bereits vorhanden ist. Auch gibt es theoretisch nichts „Neues", weil alles bereits „da" ist. Durch die Veränderung des Erdenergiefeldes werden der Frequenz ähnliche „Wesen" erschaffen oder es wird ihnen damit die Möglichkeit gegeben hier zu leben. Dinosaurier gibt es nicht mehr – bis auf ein fragliches Exemplar dieser Spezies im Loch Ness. Den Menschen gibt es noch. Die These, dass in Abhängigkeit des Energieniveaus Lebensraum für „Wesen" mit der passenden Schwingung erschaffen werden, bedingt auch eine weitere: Die Menschheit erschafft sich auch Krankheiten und deren entsprechende Erreger. In wissenschaftlichen Laboren sollen ja einige neue „Dinge" wachsen ... Die These besagt aber nicht nur, dass im Zuge der biochemischen Forschung Krankheitserreger erschaffen und gezüchtet werden, sondern dass sie aus uns selbst heraus entstehen – in Abhängigkeit von unserer Geisteshaltung („Frequenz").

In einiger Munde ist ein Parasit namens *toxoplasma gondii*. Dieser Parasit soll in der Lage sein, nicht nur unser körperliches Wohlbefinden zu beeinflussen, sondern insbesondere unsere Psyche mit der Folge von Depressionen bis hin zur Selbstmordneigung. Ich gebe zu, ich habe schon etwas Angst vor diesen kleinen Lebewesen, die etwas mit mir und meinem Körper machen können. Auch in mir tut sich sofort die Frage auf, wenn ich denn von diesem Parasiten befallen wäre, wie ich ihn wieder los würde. Ich muss mir aber auch die Frage stellen: Wie wäre er aber überhaupt in mich hinein gekommen? Gab es diesen Parasiten schon immer und hat man ihn nur erst jetzt erforscht? Gibt ihm eine depressive Stimmung nicht vielleicht erst den Nährboden und lässt in sozusagen erst entstehen? Letzteres bedingt eine komplett andere Sichtweise der Dinge – und nicht nur hinsichtlich dieser kleinen, sehr unangenehmen ... Sie lässt uns letztlich auch erkennen, dass wir „Macht" haben. Dass wir in der Lage sind, was mit uns geschieht, zu beeinflussen. Wir müssen diese „Macht" aber nicht nur von der „negativen" Seite erleben ...

Die schöne Kehrseite dieser These ist, dass auch um uns herum all das wächst, was wir eigentlich zum Leben „brauchen" – es kommt wie von „selbst". Vielleicht haben Sie sich schon mal über die „Unkräuter" in Ihrem Garten geärgert. Schauen Sie sich mal bei Gelegenheit die Heilwirkung der Kräuter an, die bei Ihnen wachsen – nicht derjenigen, die Sie angepflanzt haben. Es sind meist genau Heilkräuter, welche die Bewohner gesundheitlich unterstützen können, sei es in rein phytotherapeutischer oder homöopathischer

Aufbereitung. Es dauert ungefähr ein Jahr, nachdem man in ein neues Heim eingezogen ist, bis sich das umgebende „Feld" anpasst.

Unser Geist oder unser Bewusstsein ist in der Lage unser Energiefeld zu beeinflussen und damit „das, was uns passiert". Je nach der Ausrichtung oder eigenen „Einstellung" offenbart sich ein bestimmter Teil der (göttlichen) Energie. Ich habe Ihnen schon an vielen Stellen gesagt, was so alles auf der „Welle" der Angst daher schwimmt. Genauso richtet sich „im Großen" das Informationsfeld der Menschheit aus. Jeder unserer Gedanken, Worte und Handlungen füllt dieses Feld, gibt ihm „neue" Information. Jeder einzelne von uns, der immer mehr bei sich selbst ist, trägt zur neuen Ausrichtung oder Einstellung bei. Wie viele es braucht, damit sich das gesamte Informationsfeld „Menschheit" ändert, weiß ich nicht.

Es gibt die Theorie vom hundertsten Affen:

Auf einer japanischen Insel wurde eine Gruppe von Affen mit Kartoffeln gefüttert. Langsam begannen einige Tiere, die Kartoffeln vor dem Verzehr im Meer zu waschen, bis es schließlich alle taten – und angeblich dann nicht nur auf der Insel, sondern auch auf dem Festland … Glaubt man an die Existenz dieser „universellen" Felder, könnte man sagen, dass diese mit der Information gefüttert wurden: „Gewaschene Kartoffeln mit Salz angereichert schmecken besser als ungewaschene!" und sich so verbreitete[20]. Nach dieser Theorie braucht es eine gewisse Anzahl von Individuen, die als „kritische Masse" bezeichnet wird, ab der sich dann eine Änderung des Bewusstseins bei anderen ergibt.

Ich glaube, es braucht ganz wenige. Aus Sicht einer nur scheinbaren Trennung von der Quelle und allem würde einer oder eine genügen … Auch die sogenannten Verschwörungstheoretiker tun das. Wenn

---

[20] Vgl. http://de.wikipedia.org/wiki/Hundertster_Affe. 10.06.2015

es stimmt, dass die Welt in der Hand von einigen „Mächtigen" liegt, dann machen die genau das: sie füttern das morphogenetische Feld mit Information und auch uns …

Es ist nicht einfach aus diesem Feld „auszubrechen". Aber ich denke mir immer, ich bin nicht allein. Damit komme ich zu dem Energiefeld von Mutter Erde. Ihr Feld steht mit unserem in Verbindung – ihres beeinflusst uns und wir beeinflussen ihres. Die Wetterfühligen unter Ihnen wissen, was schon eine Wetteränderung mit einem machen kann … Wenn wir Wälder roden oder Bomben schmeißen, tut ihr das im Gegenzug sehr weh. Nun haben wir aber auf diesem Planeten nicht die einzigen „Gemeinschaftsfelder". Jedes Tier und jede Pflanze haben ein individuelles und ein universelles der Spezies und so weiter. In einigen dieser Felder ist wahrscheinlich die Information gespeichert: „Der Mensch ist gefährlich und nicht gerade nett! Habt Angst vor ihm!" Auf der anderen Seite kann jeder liebevolle Gedanke, jedes liebevolle Wort oder jede liebevolle Tat in dem Energiefeld dieser Lebewesen eine andere Einstellung in eben diesem bewirken.

Umso mehr wir begreifen, was Angst oder andere unangenehme Gefühle aus uns machen, dass sie aber eben nur Gefühle sind, die uns letztlich helfen, „zu uns selbst zu finden", umso mehr geben wir den Widerstand auf, umso mehr sind wir in der Lage Liebe auszustrahlen und zu verbreiten. Umso mehr es uns gelingt, liebevoll miteinander umzugehen und den anderen „sein zu lassen", umso mehr richtet sich das entsprechende Feld eben in diese Richtung aus. Ein bekannter Mann soll einmal gesagt haben: „Liebet eure Feinde; segnet, die euch fluchen; tut wohl denen, die euch hassen; bittet für die, so euch beleidigen und verfolgen, auf dass ihr Kinder seid, eures Vaters im Himmel; denn er lässt seine Sonne aufgehen über die Bösen und über die Guten und lässt regnen über

Gerechte und Ungerechte." [21] Ich hatte den Inhalt nie genau verstanden und ich tu mich zugegebener Maßen immer noch sehr schwer damit. Ich habe langsam begriffen, bevor ich mich einem vermeintlichen „Feind" draußen in der Welt stelle, muss ich zuerst anfangen zu erkennen, wo ich mir selbst nicht ganz so wohlgesonnen bin. Denn der „Feind" bin letztlich „ich". Es ist nicht so leicht, zu begreifen, was Liebe ohne Wenn und Aber ist und noch weniger leicht ist es, es tatsächlich zu tun. Denn die Angst hält uns davon ab, das zu machen, was man eigentlich für „richtig" hält. Sie steht letztlich am Ende von jedem unserer unschönen Gefühle und Taten. Ich habe lange gebraucht, um zu erkennen, dass die Angst aber nicht etwas ist, das man bekämpfen kann oder muss. Ganz im Gegenteil … Es ist genau diese Den-Feind-Lieben-Sache.

Ich habe oben geschrieben, dass ich glaube, dass Mutter Erde sich selber hilft, um einer vollkommenen Zerstörung durch uns Menschen entgegen zu wirken. Selbsthilfe muss sie aber auch lernen – genauso wie wir alles lernen müssen oder erfahren müssen, um die eigene Vollkommenheit zu erkennen. Wir begreifen, was Leben und Tod ist oder gut und schlecht eben genau über das Erleben. Die Erfahrungen von Mutter Erde gehen nicht verloren. Ob sie es in diesem Leben schafft? Ich wünsche mir, dass in dem morphogenetischen Feld aller Planeten dann allerdings nicht die Information gespeichert wird: „Menschen machen dich kaputt!" und dass daher keiner der Planeten mehr auf diese Schwingung geht … Ob ein Floh oder ein Zecke auch diese Angst haben? Verstehen Sie was ich meine? Wir urteilen so schnell über das Leben und die Existenzberechtigung anderer Wesen …

Ich habe immer noch etwas Angst, was mit und auf der Erde so alles passieren wird. Aber diese Angst hat mich zu einer anderen Ein-

---

[21] Zitiert nach http://bibeltext.com/matthew/5; 44-45.htm. 10.06.2015

stellung gegenüber meinem Heimatplaneten gebracht. Ich verstehe die Erde (besser). Ich weiß auch, dass ich durchaus etwas machen kann. In dem Moment, in dem ich mich selbst in einem anderen Licht sehe – den Spiegel anders halte – spiegelt sich auch die Welt anders darin. Das heißt auch, sie sieht sich selbst in einem anderen Licht. Ob man die Welt nun als schön oder als grausam sieht, hängt von der eigenen Einstellung ab. Je nachdem, was man sieht oder sehen möchte, „verändert" man sich und die Welt. Ich meine damit aber nicht, dass man die Augen verschließt vor den unschönen Dingen. Gerade, wenn man sie sich genau anschaut, sich ihrer „bewusst" wird, ist Heilung möglich. Die zunehmende Umweltverschmutzung mag ich nicht – ich bin dagegen. Ich sehe, dass die Natur immer mehr zerstört wird. Aber was mache ich? Ich verwende immer noch Produkte, die mit Plastik verpackt sind, und produziere auch sonst jede Menge Abfall … Ich verbrauche jede Menge Strom und Wasser, fahre Auto und so weiter und so fort. Ich bin ein absoluter Umweltverschmutzer! Natürlich frage ich mich auch, was das denn bringen soll, wenn ich als „Einzelne" etwas umweltbewusster bin, wenn auf der anderen Seite (wo die auch immer sein mag), alles massenhaft vergiftet wird. Hören Sie den Widerstand aus meiner Fragestellung heraus? Spüren Sie ein verstecktes „Feindbild"? Solange ich diese noch in mir trage, bin ich genau auf der Welle, auf der ich nicht sein möchte … Auf dieser Welle wird mir wahrscheinlich nichts „Richtiges" einfallen, was ich tun kann, um die Welt – und sei es nur meine eigene „kleine" – zu „verbessern"…

Wenn ich barfuß durch das feuchte Gras gehe und mich umschaue (vor allem nach unten wegen den Vipern …), denke ich nicht, dass bereits Hopfen und Malz verloren ist. Es wäre auch sehr schade, denn ich trinke sehr gerne Bier. Wenn ich das mache – ich meine Spazierengehen – dann bin ich Mutter Erde von ganzem Herzen dankbar. Ich versuche, mich auch mit ihr zu unterhalten. Sie spricht immer mit uns. Ihre Stimme sind die Vögel, der Wind, das Rauschen eines Baches oder Meeres. Sie spricht auch aus jedem einzelnen von uns. Umso mehr man begreift, welche Töne wann und warum in einem selbst gespielt werden, umso mehr ist man in der Lage ein schönes Lied zu komponieren. Diese Melodie hören dann auch die anderen und fangen mit an, zu trällern ... Gleichzeitig ist man immer mehr in der Lage, Stille zu hören. Diese Ruhe ist der Raum für neue Töne oder „Geistesblitze". Albert Einstein ist bestimmt nicht auf seine Relativitätstheorie gestoßen, während er sich über etwas oder jemanden geärgert hatte.

Das geht nicht von heute auf morgen, sondern schrittweise. Ich habe neben dem Selbst Channeling zwei andere Gehilfen gefunden: die Homöopathie und das Super-Placebo. Es gibt sehr viele Stützen. Welche der vielen auf der ganzen Welt am besten zu Ihnen passt, finden Sie selbst am besten heraus. Ich habe gute Erfahrungen mit diesen beiden gemacht und diese würde ich gerne mit Ihnen teilen.

Homöopathie

B evor ich über die Homöopathie mit Ihnen spreche, muss ich Ihnen sagen, dass ich weder Arzt noch Heilpraktiker bin. Alles, was ich also im Folgenden von mir gebe, muss demnach vor diesem fehlenden Hintergrund kritisch betrachtet werden! Ich spreche über meine Erfahrungen und Sicht der Dinge. In der Esoszene wird manchmal etwas über die klassische Medizin gelästert. Ich finde, dass sie allerdings wahre Wunder vollbringen kann: wir können neue Kniegelenke bekommen und nicht nur in der Unfallchirurgie arbeiten für mich sehr viele Engel ohne Flügel in weißen oder grünen Kitteln. Auch das viel kritisierte Antibiotika hat sehr viele Menschleben gerettet. Und ich möchte nicht wissen, wie viele überzeugte „Esos" im Fall von Zahnweh dankbar über Schmerzmittel sind. Auch homöopathische Mittel sind Arzneien, die Sie nur in Rücksprache mit Ihrem Arzt oder Heilpraktiker einnehmen sollten! Wenn ich über die Wirkung von Remedien spreche, ist dies weder eine medizinische Diagnose oder gar Rat. Gell!

Duell der Wirksamkeiten

Die Homöopathie ist immer wieder im Fegefeuer der „Wirksamkeiten". Die medizinische Wissenschaft bezweifelt die Heilwirkung der einzelnen Arzneimittel, da nichts anderes als Zucker, der mit Wasser besprüht wurde, verabreicht würde. Denn die Grundsubstanz, von der bei der Herstellung eines homöopathischen Remediums ausgegangen werde, sei ab einer bestimmten Potenz nicht mehr nachweisbar. Ich kann da natürlich sofort dagegen halten, dass die homöopathischen Arzneimittel nicht zwangsläufig als Zuckerkügelchen, den sogenannten Globulis, verabreicht werden, sondern dass sie auch als Tropfen existieren und da ist kein Zucker drin.

Zugegebener Maßen ein schwaches Argument. Stark dagegen finde ich an dem Konzept der Homöopathie, dass sie sich damit beschäftig, wie jemand „tickt" und welche körperlichen Konsequenzen sich daraus ergeben können oder bereits haben.

Ich glaube an die Wirkung homöopathischer Mittel. Es ist möglich, dass sie lediglich ein riesengroßes Placebo-Konstrukt sind. Zu einer fundierten wissenschaftlichen Untersuchung diesbezüglich bin ich nicht fähig, weil mir schon allein die finanziellen Mittel fehlen ... Allerdings fehlt es mir nicht an Argumenten, wenn ich von Fällen höre, bei denen die Globulis nicht gewirkt oder geholfen haben ... Natürlich weiß ich auch über die Grenzen der Homöopathie. Wir müssen alle irgendwann einmal gehen. Aber bis es soweit ist, möchte ich, dass es mir so gut wie möglich geht. Und ich glaube, dass die Homöopathie dabei helfen kann.

In den vorangegangen Kapiteln habe ich Ihnen oft erzählt, dass wir ein mehr oder weniger unbewusst ablaufendes „Programm" in uns haben. Einige unter uns sind sehr ängstlich und haben Probleme mit dem Herz-Kreislauf-System. Wieder andere sind leicht reizbar und ihr Verdauungssystem verhält sich dementsprechend. Viele unserer Verhaltensmuster und die damit einhergehenden körperlichen Probleme gefallen uns nicht und wir hätten sie gerne los. Ich habe Ihnen auch erzählt, dass man etwas nicht „loswerden" kann – weil immer alles da ist. Wenn wir ungewollte Programme oder Verhaltensmuster haben, geht es für mich nicht darum, sie zu „löschen", sondern einfach nicht mehr zu benützen. Dazu muss man aber erst wissen, was sich abspielt. Die Homöopathie ist für mich in der Lage, diese „Programme" sichtbar zu machen. Auf diese Weise wird man sich ihrer schon mal „bewusst". Damit ist man in der Lage zu entscheiden, das Verhaltensmuster beizubehalten oder nicht. Auch bei dieser Entscheidung kann meiner Meinung nach die Homöopathie unterstützend „wirken". Ob man sich auf die Homöopathie einlassen kann, hängt sehr viel davon ab, wie man sich ihre Heilwirkung vorstellt. Die Homöopathie unterstützt die Selbstheilungskräfte. Sie geht in die gleiche „Richtung".

Die Selbstheilungskräfte des Körpers funktionieren von „innen nach außen" und von „oben nach unten" – von „Wichtigem zu weniger Wichtigem". Der eine oder andere von uns hat sich wahrscheinlich schon mal den Magen verdorben. Was dann der Körper macht, erklärt, was von „innen nach außen" bedeutet … Unser wichtigstes Organ ist das Gehirn sowie unsere mentale Verfassung. Stresssituationen, die da „oben" Chaos verursachen, werden „nach unten" transportiert – in andere Körpersysteme (Magen, Darm, Blase usw.). Welche Körpersysteme belastet werden, ist nicht bei jedem Menschen gleich. Auch die Art der Beschwerden ist nicht bei allen identisch. Manche spüren Stress im Magen, der dann drückt. Andere bekommen Sodbrennen. Wieder andere müssen mehr oder weniger oft auf das meistens dann nicht mehr stille Örtchen. Bei gut funktionierenden Selbstheilungskräften kommt es gar nicht zu einer Belastung innerer Organe, sondern eine mentale oder psychische Stresssituation geht sofort über die Haut nach außen. Es kann zu Angstschweiß kommen, es fließen Tränen und aus Scham oder Wut wird man rot im Gesicht. Ich habe mich sehr oft geärgert, dass ich ausgerechnet dann ein Wimmerl im Gesicht bekommen habe, wenn ich einem Rendezvous entgegengefiebert habe und schön sein wollte. Es war allerdings nur ein wahrlich sichtbarer Hinweis, dass meine Selbstheilungskräfte noch einigermaßen funktionieren …

Für einen Homöopathen sind die meisten Hautprobleme Anzeichen funktionierender Selbstheilungskräfte und der Nähe am Zustand von „Gesundheit". Aber sagen Sie das Mal jemanden, den es juckt … Meistens wird jedoch der Heilweg nach „außen" versperrt. Ein ganz einfaches Beispiel sind Schweiß unterdrückende Produkte. Wenn das „Zeugs" nicht raus kann, bleibt es im Körper und sucht sich einen anderen Weg – vielleicht über einen Hautausschlag. Wird dieser Weg auch wieder medikamentös versperrt, kann es sein, dass „es" sich einen Parkplatz sucht, der uns gar nicht gefällt ...

Wie aber kann ein Wässerchen, das nichts mehr von der Ursubstanz enthält und bei der Herstellung einfach nur geschüttelt (das entsprechende Gefäß wird aber eigentlich nicht nur geschüttelt, sondern gegen einen weichen Untergrund geschlagen) oder verrieben wurde, die Selbstheilungskräfte unterstützen oder sogar in Gang setzen? Ich habe nur eine leise Idee. Und dementsprechend leise sollte ich auch mit meinen Erklärungsversuchen sein.

Zur Zeit des Erfinders der Homöopathie Samuel Hahnemann (1755-1894) wurde die heilende Wirkung des Chinarindenbaumes bei Malaria erkannt. Das enthaltene Chinin hat fiebersenkende Wirkung. Dr. Hahnemann führte ein Selbstexperiment mit der Chinarinde durch – und bekam „Malaria ähnliche" Symptome. Für die Homöopathen wurde so das Grundprinzip der Homöopathie entdeckt: „*Similia similibus curentur* – Ähnliches soll durch Ähnliches geheilt werden". Die sozusagen künstlich hervorgerufene Krankheit (Beschwerden nach Einnahme der Chinarinde) verdrängt bzw. hebt die „natürliche" Krankheit (Malaria) auf. Für die Kritiker der Homöopathie ist dieses Experiment allerdings gerade der Beweis, dass die Homöopathie allein auf einen Irrtum aufgebaut ist. Hahnemann habe auf die Chinarinde lediglich allergisch reagiert. Als weiteres Gegenbeispiel für das Ähnlichkeitsprinzip wird auf Eisenpräparate verwiesen. Sie rufen auch in höherer Dosis keine Anämie hervor, sondern werden für medizinisch therapeutische Zwecke gerade bei Anämie eingesetzt.[22] Letzterem kann ich insoweit zustimmen, als ich mal so ein Eisenpräparat genommen hatte, bekam ich (nur)

---

[22] Vgl. http://www.sueddeutsche.de/wissen/teil-homoeopathie-heilung-nach-dem-aehnlichkeitsprinzip-1.923310. 10.06.2015

Durchfall. Zur Verteidigung des Ähnlichkeitsprinzips kann ich nur aufführen, dass einige Ursubstanzen eine andere Wirkung haben, als das homöopathisch (durch Verdünnung und Potenzierung) hergestellte Arzneimittel – ein Beispiel ist gerade das besagte Eisen. Das Ähnlichkeitsprinzip bezieht sich nicht auf die Symptome bei der Einnahme einer Ursubstanz, sondern auf das homöopathisch aufbereitete Mittel.

Bei welchen Symptomen ein homöopathisches Mittel helfen soll, wurde durch Selbstversuche an Probanden herausgefunden: über einen längeren Zeitraum wurde ihnen ein Mittel verabreicht und festgehalten, zu welchen Reaktionen es kam. Die Arzneimittelbilder entstanden. Auch dafür gibt es ziemlich viele Gegenbeweise, in denen sich Kritiker Globulis eingeschmissen haben und nichts passierte – kein Symptom des eingenommen Mittels. Ich könnte jetzt dagegen halten, dass der Zeitraum der Arzneimittelgabe zu kurz war oder eine „falsche" Potenz gewählt wurde. Ich sage aber mal: „Der Zweck heiligt die Mittel!" Eine Versuchsreihe, die gemacht wird, um zu zeigen, dass Homöopathie nicht funktioniert, wird wahrscheinlich auch zu diesem Ergebnis kommen. Eine Versuchsreihe mit der Absicht, ein Arzneimittel auf seine mögliche, heilende Wirkung zu untersuchen, wird zu einem entsprechenden Ergebnis führen.

Die Kritik an dem Chinarindenexperiment gibt mir allerdings ein kleines Argument in die Hand, wie ich mir die Wirkung homöopathischer Mittel erkläre. Die Kritiker sehen das Chinarindenexperiment als widerlegt, weil Hahnemann lediglich auf die Chinarinde allergisch reagiert haben soll, das heißt, sein Immunsystem hat die Chinarinde als „gefährlich eingeschätzt" und überreagiert. Anderen Versuchspersonen sei dies nicht mit der Chinarinde passiert. Als ich ein Kind war, fand mein Immunsystem Erdbeeren nicht so gut, wie ich und reagierte mit Nesselfieber. Andere Immunsysteme mögen bestimmte Pollen oder Erdnüsse nicht. Für manche sind harmlose Stoffe „giftig". Auch reagieren manche auf bestimmte „äußere Reize" allergisch. Bei mir kann es zu heftigen Überreaktionen kommen, wenn ich auf meine menschlichen Schwächen hingewiesen werde … Andere reagieren über, wenn sie eine Maus sehen. Warum einer mit einer bestimmten Allergie geschlagen ist und ein anderer nicht, kann ich nicht beantworten. Ich habe auch keine Erklärung dafür, wie man Angst vor einer Maus haben kann. Hahnemann hat durch die Einnahme der Chinarinde eine („künstliche") Krankheit hervor gerufen, welche den Symptomen der Malaria ähnlich ist. Hätte er tatsächlich Malaria eines Tages gehabt, wäre *china* aus homöopathischer Sicht das „richtige" Mittel für die Heilung dieser („echten") Krankheit gewesen. Die Einnahme eines homöopathischen Mittels führt in gewisser Hinsicht zu einer „allergischen" Reaktion. Der „Sinn" dahinter ist die Ankurbelung des Immunsystems – der Selbstheilungskräfte. Das hat Hahnemann meiner Ansicht nach durch sein Experiment gerade gezeigt.

Zur Bestimmung eines homöopathischen Arzneimittelbildes wurden den Probanden aber nicht die Ursubstanz wie in dem Chinarinden-Experiment verabreicht, sondern eine entsprechende potenzierte Lösung. Aber wie kann es zu allergischen Reaktionen kommen, wenn es sehr unwahrscheinlich ist, dass ein Molekül der Ursubstanz in der eingenommen Lösung nachweisbar ist? Die Begründung geht natürlich wieder „unwissenschaftliche" Wege: Wasser ist ein Informationsspeicher – so wie alles letztlich auf der Welt. Das Wasser merkt sich also, mit was es vermischt wurde und je mehr es verdünnt und geschüttelt wird, desto „feiner" wird diese Information. Jeder Mensch hat sein elektromagnetisches Schwingungsfeld, das durch diese feine – geistige – Information beeinflusst werden kann. Das klingt für mich esologisch. Die Kritiker halten natürlich dagegen, dass einige Potenzen auch „natürlich" vorkommen und keine Wirkung zeigen. Der Grenzwert von Arsen im Trinkwasser entspricht ungefähr der homöopathischen Potenz D8 oder C4 – das heißt, ab diesem Anteil wird Trinkwasser als nicht gesundheitsgefährdend angesehen. Ein Potenz C5 von *arsenicum* soll allerdings „wirken". Der eingefleischte Homöopath weist natürlich darauf hin, dass die Dynamisierung (das Verreiben oder Schütteln) fehlt – der eigentliche Schritt, dass aus einer Verdünnung ein homöopathisches Remedium wird. Wenn man sich Analysen unseres Trinkwassers durchliest, könnte man durchaus schon allergisch reagieren – ohne es zu trinken …

Ob das Schütteln zwischen den einzelnen Verdünnungsschritten, tatsächlich etwas mit dem Wasser macht, kann man jetzt glauben oder nicht. James Bond glaubt zum Beispiel, dass sein Wodka Martini geschüttelt ganz anders schmeckt. Verfechter der Homöopathie glauben, dass das homöopathische Arzneimittel durch die Schüttlerei „energetisiert" wird. Nach dem Energieerhaltungssatz kann „Energie" nicht einfach verschwinden. Damit so ein Arzneiflascherl ganz fest geschüttelt werden kann, brauche es den Einsatz von „Kraft". Die Flüssigkeit reibt am Flaschenrand und mischt sich selbst auch ordentlich durch. Ob diese Krafteinwirkung (Reibungskraft) etwas mit dem Wasser und seinen Molekülen macht? Ich denke mal, dass Wissenschaftler ihre Köpfe bei dieser Fragestellung kräftig schütteln. Ich stelle mir vor, wenn ein Tropfen der Ursubstanz in die Lösungsflüssigkeit kommt, dann muss diese „Information" ja auch alle „Wassertropfen" erreichen. Bei einer D-Potenz sind es neun und bei einer C-Potenz neunundneunzig. Das Schütteln ist irgendwie so, als ob man jemanden versucht, wach zu bekommen und denjenigen „anstupst" … Ich habe keine wissenschaftlich fundierte Erklärung. Ich finde aber, dass Schlagsahne anders schmeckt als flüssige Sahne. Die wird dazu auch „geschlagen". Macht man das zu viel wird Butter aus ihr. Butter ist aber eigentlich auch etwas anderes als Sahne, oder?

Die Kritiker haben aber noch mehr auf Lager. In den Lösungsmitteln Wasser und Alkohol sind Nebenbestandteile wie beispielsweise Kalk- oder Eisenverbindungen und Restbestandteile dessen, woraus der Alkohol gemacht wurde (z.B. Wein, Kartoffeln). Diese werden beim Potenzieren ebenfalls mitgeschüttelt und müssten zu einer homöopathischen „Nebenwirkung" führen. Es könnte dieser Ansicht zufolge ja wohl nicht sein, dass sich das Wasser nur die Information aus der Urtinktur merkt.

Der überzeugte Homöopath hat natürlich eine Erklärung parat:

Zur Potenzierung wird destilliertes Wasser verwendet. Durch die Destillation wird das Wasser von Spurenelementen und Verunreinigungen (größtenteils) befreit. Dr. Hahnemann hat weiterhin mit destilliertem Wasser und dem zur Verdünnung verwendeten Alkohol experimentiert. Er hat untersucht, ob nicht auch sie Symptome hervorrufen können. Seine Antwort war: nein. Hingegen hat Meerwasser oder das Wasser aus bestimmten Heilquellen eine homöopathische Wirkung.

Da Sie jetzt die wesentlichen Kritikpunkte an der Homöopathie gehört haben und falls Sie sich trotzdem auf sie einlassen können oder bereits eingelassen haben, möchte ich Ihnen ein paar kleine theoretische Hintergrundinformationen mit auf den Weg geben. Ich habe Ihnen bereits gesagt, dass eine homöopathische Therapie für mich in der Lage ist, alte – meistens unerwünschte – „Programme" sichtbar zu machen und dabei zu helfen, diese nicht mehr zu benützen. Die Homöopathie unterstützt meiner Ansicht nach eine „Frequenzerhöhung" und hilft bei der Änderung der „Einstellung".

Wann, welches Globuli?

Fragt man einen Homöopathen, ob er denn ein Mittel gegen Durchfall wisse, antwortet er: „Ja, 4600!" Ungefähr so viele homöopathische Mittel sind derzeit klinisch geprüft und jedes hilft prinzipiell bei Verdauungsstörungen. Ausschlaggebend für die Wahl eines homöopathischen Mittels ist aber nicht das Symptom „Durchfall" an sich. Für einen Homöopathen ist Durchfall nun mal nicht gleich Durchfall. Bitte verzeihen Sie mir, dass ich gerade dieses Beispiel verwende – aber es verdeutlicht die Problematik sehr „anschaulich"… Entscheidend ist die Ausprägung eines Symptomes: Wie (Farbe, Geruch, Konsistenz)? Wann (morgens, nachts, nach dem Essen)? Traten schon öfters derartige Verdauungsstörungen auf? Bestehen gleichzeitig andere Beschwerden?

Die meisten tun sich mit der Beantwortung einiger dieser Fragen schwer: „Es" wäre eben dünnflüssig, braun (was denn sonst???) und riecht … nun ja, nicht nach Veilchen!" Ein Homöopath mit dem Hang zur Besserwisserei würde darauf antworten, dass nicht alle Exkremente zwangsläufig stinken müssen. Bei dem Remedium *terebinthinae Oleum* begegnet man spärlichem Urin mit Veilchengeruch und bei *veratrum album* kann der Stuhl geruchslos sein. Ist der Stuhl sehr dunkel und erinnert sein Geruch an Kadaver, könnte *arsenicum album* das Heilmittel sein. Gelbe sehr übel riechende Hinterlassenschaften können insbesondere bei Kindern das Mittel *podophyllum pelatum* verlangen. Kinder während des Zahnwechsels, deren Stuhl sehr wässrig, schleimhaltig und stinkend ist, brauchen vielleicht *chamomilla*. Die Modalität eines Symptoms ist also entscheidend.

In einer homöopathischen Anamnese wird zwischen organischen, funktionalen und mentalen Symptomen differenziert. Organische Symptome beziehen sich isoliert nur auf das jeweilige Körperorgan und seine Pathologie wie z.B. Leberzirrhose, Magengeschwür.

Funktionale Symptome beschreiben, wie der Name schon verrät, die Funktion eines Körpersystems. Ein Herz kann organisch vollkommen gesund sein – der Patient klagt aber über Herzrasen. Auch wenn einem die Luft beim Treppensteigen ausgeht, spricht man von einem funktionalen Symptom. Dieser Patient kann auf geraden Strecken stundenlang ohne zu ermüden gehen, aber bergauf hat er Schwierigkeiten. Ein Symptom nebenbei bemerkt, das bei *calcarea carbonica* zu finden ist. Wieder andere können Probleme haben, wenn es wieder nach unten geht – z.B. *borax, natrum muraticum* oder *rhus toxicodendron*. Zur genauen Bestimmung eines funktionalen Symptoms spielt seine Ausprägung eine entscheidende Rolle: wann hat der Patient Herzrasen? Morgens? Abends? In der Ruhe? Bei Anstrengung? Bei Gelenkschmerzen ist es wichtig zu wissen, ob sie besser werden in der Bewegung oder in der Ruhe. Oder haben Wetterverhältnisse einen Einfluss auf das eigene Befinden? Am wichtigsten sind für einen Homöopathen aber die mentalen Symptome. Sie entscheiden letztlich die Mittelauswahl insbesondere bei chronischen Erkrankungen. Ob jemand gerne alleine ist oder nicht, vor was man denn alles so Angst hat und, ob man ordentlich ist oder eher schlampig, sind Beispiel für mentale Symptome. Die Homöopathie respektiert alle unsere Schwächen. Ich habe Ihnen vorher gesagt, ich könnte nicht verstehen, wie jemand Angst vor einer Maus haben kann. Die Homöopathie kann das aber durchaus. Hat ein Homöopath einen Patienten vor sich, der vom Aussehen her Bäume ausreißen könnte, der aber zugibt, Angst vor kleinen Tieren zu haben, dann spricht schon einiges für *calcarea carbonica*. Das Symbol für dieses Remedium ist übrigens der Elefant. Und der hat angeblich ja auch etwas Mühe mit Nagetieren.

Weiterhin versucht man bei der Mittelauswahl zu differenzieren, ob es sich um eine akute oder chronische Erkrankung handelt. Akut wird eine Erkrankung allgemein definiert, wenn sie schnell zum

Ausbruch kommt und von relativ kurzer Dauer ist (bis zu 2 Wochen). Erkältungen, Grippe, Nahrungsmittelvergiftungen sowie Verstauchungen und Brüche – selbst wenn Letztere etwas länger dauern – sind Beispiele für akute Krankheiten. Chronisch sind dagegen sich langsam entwickelnde, lang andauernde oder ständig wiederkehrende Leiden. Die Unterscheidung scheint auf den ersten Blick sehr leicht. Lassen Sie uns nochmals zu dem leidigen Thema „Durchfall" zurückkommen. Er kann eine Reaktion darauf sein, dass man etwas Falsches gegessen hat und sich dessen „nur" entledigt. Es kann aber das erste Anzeichen einer Prädisposition, auf diese Weise häufig und wiederkehrend zu erkranken, sein. In diesem Fall wäre das sogenannte chronische Remedium oder Konstitutionsmittel des Patienten die richtige „Arznei". Es ist das Mittel, das alle organischen, funktionalen und mentalen Symptome des Patienten vereint und sie in seiner Gesamtheit kuriert bzw. unterstützt. Aus einem ängstlichen, schüchternen Patienten wird wahrscheinlich kein Doppelnull-Agent. Ziel ist, dass der Patient vermag, mit seine Ängsten umzugehen, dass sie „normal" werden und wie die Schüchternheit nicht belasten oder blockieren und sich auf die Gesundheit und das Wohlbefinden negativ auswirken.

Das „chronische Remedium" ist auch unter den Homöopathen in vieler Hinsicht umstritten. Es kann durchaus sein, dass während der Anamnese Homöopathen zu unterschiedlichen Ergebnissen kommen. Der eine kann den Patienten als *lachesis* qualifizieren, während der andere der Überzeugung ist, dass *natrum muraticum* das richtige Mittel sei. Mein Lehrer wurde schon von Kollegen als *calcarea carbonica* oder *sulphur* betitelt. Er behauptet von sich, *rhus toxicodendron* zu sein. Weiter besteht etwas Uneinigkeit, wie an chronische Beschwerden heran zu gehen ist. Viele Homöopathen sehen die Konzeption eines einzigen Konstitutionsmittel überholt. Zudem verführe es zu einem Schubladendenken – man ist nicht sein Leben lang nur ein Remedium. Viele arbeiten daher einzelne Themen, die den Patienten belasten, durch die Gabe entsprechender Arzneimittel, ab. Ich habe dazu nur eine Meinung: wer heilt hat recht, oder? Theoretisch stehe ich auf der Seite, wirklich nahe an die Prädisposition heranzugelangen, mit der man auf die Welt kommt. Aber wer kennt schon alle Mittel? Und wer weiß, in welche Bahnen einen das Leben so gelenkt hat?

Ich habe vorher geschrieben, dass die Unterscheidung zwischen akuten und chronischen Erkrankungen für die homöopathische Therapie entscheidend ist. Ich behaupte allerdings, dass letztlich alle „Krankheiten" chronischer Natur sind – sogar ein Beinbruch. Um Ihnen zu erklären, wie ich das meine, möchte ich kurz einen Abstecher zur traditionellen chinesischen Medizin machen.

Diese ganzheitlich ausgerichtete Medizin ist auf den Fluss der Lebensenergie (Qi) gerichtet. Nach ihrer Vorstellung fließt das Qi über bzw. in „Kanälen", durch unsichtbare Leitbahnen – genannt den Meridianen – und versorgt so unseren Organismus. Ist das Qi nicht ausgewogen im Körper verteilt oder gestört und blockiert, soll dies Auswirkungen auf unsere Gesundheit haben. Die Meridiane verlaufen flach unter der Haut und stellen die Verbindung zu unseren inneren Organen her. Augenmerk wird in der traditionellen chinesischen Medizin aber nicht auf das einzelne Organ an sich gerichtet, sondern auf sogenannte Funktionskreise: der Tätigkeit eines Organs und seine (Aus-) Wirkung auf andere Körperregionen bis hin zur emotionellen Ebene. Ganz einfach ausgedrückt: unser großer Zeh weiß ganz genau, wie es der Leber geht und beide wissen, wie unsere psychische Verfassung ist. Ein Mensch, der unter großer emotioneller Anspannung steht, braucht auf der emotionellen Ebene sehr viel „Qi". Der mit dieser Emotion zusammenhängende Funktionskreis ist daher nicht im Gleichgewicht. Es kann sein, dass über die entsprechenden Meridiane ein Bein weniger mit Lebensenergie versorgt wird. Es verliert immer mehr seine „Achtsamkeit" oder seinen „energetischen Schutz" – seine Lebens-Energie. Häufiges Stolpern oder sich Anstoßen sind die ersten Anzeichen. Ich habe mir schön öfter meinen kleinen Zeh in Türrahmen gebrochen und meinen Kopf renne ich mir regelmäßig irgendwo an ... Ich habe Ihnen auch von meinem Sturz erzählt, als logische Konsequenz meiner mentalen Verfassung. Homöopathisch werden diese Unfälle als „akut" bezeichnet – obwohl sie eigentlich „chronisch" sind. Sie beruhen auf einer andauernden psychischen Belastung oder energetischen Unterversorgung, die sich „entlädt". Ist dann so etwas passiert, verwendet man homöopathisch ein Mittel des Momentes. In meinem Fall waren es *arnica* und *ruta*. Ich weiß dann auch, dass es an der Zeit ist oder besser gewesen wäre, mein chronisches Remedium wieder zu nehmen ...

Eine Erkältung ist aus diesen Gründen meiner Ansicht nach auch nicht „akut". Es deutet immer darauf hin, dass das Immunsystem nicht optimal funktioniert oder dass der Fluss der „Lebensenergie" gestört ist. Welches Globuli dann aber hilft, hängt von der Ausprägung (Modalität) der Erkältung ab. Ist die Nase verstopft oder läuft sie? Hat der Patient gleichzeitig Halsschmerzen oder Husten? Und so weiter ... Das ist auch der Grund, warum manche auf ein Mittel bei Erkältung schwören, das bei anderen überhaupt nicht hilft.

In der homöopathischen Lehre geht man weiter davon aus, dass jedes chronische Mittel ein sogenanntes akutes Mittel hat. Dazu ein Beispiel: stellen Sie sich mal eine Dame vor, die einer Renainessance-Malerei entsprungen sein könnte. Sie ist sehr weiblich und blond. Während Sie sich mit Ihr unterhalten, erzählt Sie Ihnen von Ihren Leiden und hat auch ein paar Tränen in den Augen. Ihre Beschwerden wandern – d.h. es tut ihr einmal da und dort weh – einfach alles ganz schlimm. Als Homöopath fragen Sie natürlich noch weiter und der Verdacht, dass es sich bei dieser Dame um eine *pulsatilla* handelt, bestätigt sich. Lässt man dieses Pulsatilla-Weibchen im Schnee-Regen stehen, fängt sie sich höchst wahrscheinlich eine Erkältung ein. Die Symptome ihrer Erkältung ähneln sehr wahrscheinlich *mercurio*: brennende Halsschmerzen, Ohrenstechen und sehr viel Schnupfen. Der Homöopath wird ihr auch *mercurio* geben. Wenn alles wieder vorbei ist, bekommt sie ihr *pulsatilla*. Er könnte ihr auch sofort *pulsatilla* in niedriger Potenz geben, da dieses Mittel sie allgemein unterstützt. Die Symptomatik des Momentes ist allerdings *mercurio* – und hilft entsprechend schneller. Weiß man sein chronisches Remedium, weiß man auch für den akuten Fall, welches Globuli wahrscheinlich zum Einsatz kommt.

Verschleppt die Pulsatilla-Dame ihre Erkältung, kann es sein, dass sie *kalium bichronicum* oder sogar *silcea* braucht. Sollte die Erkältung nicht weggehen wollen, kommt ihr chronisches Mittel zum Einsatz – in höherer Potenz. Einer Nux-Vomica-Lady wäre übrigens diese Erkältung nicht passiert. Dieses Weibchen lässt niemand irgendwo stehen – schon gar nicht im (Schnee-) Regen. Und falls doch, kann ich demjenigen nur raten, sich nicht mehr blicken zu lassen … Manchmal verrät das chronische Remedium auch, was jemandem „passieren" kann und was nicht … Nicht nur aus diesem Grund ist es meiner Meinung nach eine Möglichkeit, „alte Programme" nicht mehr zu benützen und eine „Veränderung" zu unterstützen. Ich möchte Ihnen daher etwas genauer erklären, was das chronische Mittel mit einem machen kann.

Das chronische Remedium

Ein (klassischer) Homöopath versucht das persönliche Remedium durch Patientenbefragung zu bestimmen. Anhand der organischen, funktionalen und mentalen Symptome ermittelt er oder sie das Arzneimittelbild. Das nennt man übrigens repertorisieren. Er fragt auch nach Erkrankungen der Eltern oder anderer Familienmitglieder des Patienten, um eine eventuelle genetische Prädisposition für Erkrankungen zu erfahren. Angenommen er kommt zu der Erkenntnis, dass es sich bei der Patientin um ein *natrum muriaticum* handelt. Da diese sehr kritisch sind, informiert sich die Dame sicher über das ihr zugesprochene Arzneimittelbild.

Höchstwahrscheinlich wird sie den Homöopathen kontaktieren und „bemängeln", dass viele der Leitsymptome, die sie zu *natrum muriaticum* gegoogelt hat, ihr überhaupt nicht entsprächen. Auch die meisten organischen Symptome, die dort aufgelistet werden, habe sie noch nie gehabt. Der Homöopath erklärt ihr, dass sie nicht zwangsläufig alles haben oder sein müsse – es werden dort alle möglichen Symptome aufgelistet, die bei der Experimentation mit dem Remedium auftauchten. Es ginge vielmehr darum, dass alle Symptome, die sie habe, in dem Arzneimittelbild zu finden wären. Er versucht ihr weiterhin zu erklären, dass *natrum muriaticum* in sich selbst widersprüchlich ist und dass auch die Symptome verschiedener Natrum-Muriaticum-Personen widersprüchlich erscheinen: beispielsweise ginge es manchen am Meer schlechter anderen wiederum besser. Ich finde es sehr wichtig, dass sich die Patienten mit dem Arzneimittelbild auseinandersetzen. Es betrifft ja gerade sie selbst und ihre möglichen Verhaltensmuster oder „Programme". Es gibt Homöopathen, die sagen ihren Patienten nicht, welches Globuli sie ihnen geben. Der Vorteil ist sicher, dass der Patient keinem Nocebo-Effekt unterliegt – das heißt, Symptome entwickelt, die er noch nie hatte, die er aber dem Arzneimittelbild entnommen hat. Aber ich denke, man nimmt den Patienten aus der Selbstverantwortung und verhindert, dass er sich selbst besser versteht.

Bei *natrum muriaticum* kann es sein – muss aber nicht! – dass sie den „falschen Mann" (u.U. verheiratet) liebt. Es ist auch möglich, dass sie einen Partner hat, der intellektuell und materiell unter ihr steht.

Natrum Muriaticum kann übrigens sagen: „Homöopathie hilft nicht, sie schadet nur!" Arsen würde vielleicht behaupten, dass eh nichts helfen würde. Ein Phosphor-Männchen könnte sagen, dass Homöopathie eine Religion wäre, an die er nicht glauben würde. Die Einnahme eines homöopathischen Mittels würde er allerdings verweigern, da er sehr leicht zu suggerieren wäre. Er befürchte, sich vielleicht etwas einzubilden und dann auch tatsächlich krank zu werden. Vielleicht erkennen Sie, dass sich die Aussagen von *natrum* und *phosphor* irgendwie ähneln. Manches *natrum muriaticum* hat sehr viel Ähnlichkeit mit *phosphor*. Auch sind *natrum muriaticum, ignatia und staphysagria* manchmal nicht sehr leicht zu unterscheiden – sie können zum Beispiel alle eine Tendenz zu „hysterischen" Reaktionen zeigen …

Die Bestimmung des chronischen Remediums ist aber noch aus anderen Gründen oft nicht so einfach. Man ist nicht jeden Tag gleich (drauf). Auch kann es Phasen in unserem Leben geben, die wirklich nicht sehr angenehm sind. Ein Patientengespräch kann in eine solche Phase fallen. Meistens ist es auch so – denn einen Homöopathen sucht man leider nicht auf, wenn es einem gut geht. Der Homöopath muss erkennen, ob es sich bei den Beschwerden – insbesondere der mentalen Verfassung – um eine vorübergehende „Stimmung" handelt, oder ob der Patient sein ganzes Leben (immer wieder) diese Symptomatik aufwies. Ich möchte dazu wieder ein kleines Beispiel zum besseren Verständnis machen. Das Remedium *natrum sulfuricum* hat eine Tendenz einfach etwas traurig zu sein. Sie sind sehr wetterabhängig. Wenn es draußen regnet oder gar nebelig ist, dann geht es ihnen nicht nur psychisch schlecht, sondern tatsächlich auch körperlich. *Natrum sulfuricum* ist aber dennoch von Natur aus ein Optimist. Findet die Anamnese bei nasskaltem Wetter statt und hat sich schon vorher lange die Sonne nicht mehr blicken lassen und schauen die Wettervorhersagen auch nicht sehr gut aus, schaut auch *natrum sulfuricum* entsprechend in die Welt – sie wirken pessimistisch und können dem Remedium *china* gleichen. In der Tat ist *china* auch ein chronisches Remedium von *natrum sulfuricum*.

Viele Remedien beziehungsweise die Personen, die diesem Arzneimittelbild entsprechen wirken, wenn sie sich psychisch in einer Talfahrt befinden, wie das Remedium *arsenicum*. Diese Menschen „sind" neben vielen anderen Dingen unruhig, ängstlich (insbesondere in Bezug auf ihre finanziellen Angelegenheiten und dem Tod) und schlafen schlecht – sie liegen meistens zwischen ein Uhr und drei Uhr wach im Bett. In der homöopathischen Fachsprache zählt *arsenicum* zu den „syphilitischen" Remedien. Daneben unterscheidet man noch sykotische und psorische Arzneimittelbilder. Ähnlich wie den täglichen Biorhythmus kann man auch diverse Phasen in seinem Leben durchschreiten: syphilitische, sykotische oder psorische. Ich hoffe, dieser ganze Theoriekram langweilt Sie nicht allzu sehr … Aber mir ist es wichtig, Ihnen einige Grundlagen oder Begriffe aus der Homöopathie mit zu geben, damit Sie sich besser selbst erkennen können und verstehen, was so mit Ihnen „passieren" kann. Diese Einteilung der einzelnen Remedien oder Lebensphasen hat ihren Ursprung in der Miasmen-Lehre Hahnemanns.

Hahnemann hatte seiner Zeit schon erkannt, dass die Behandlung chronischer Erkrankungen oft erfolglos blieb. Hinter jeder Krankheit würde ein „Ur-Übel" stecken. Er sprach von der Psora (als Folge der Krätze), der Sykosis (als Folge der Feigwarzenkrankheit oder Gonorrhoe) und der Syphilis. Der Begriff „Psora" wird in der Homöopathie mit unterschiedlichem Inhalt verwendet. Einmal wird unter Psora die allgemeine Prädisposition auf eine bestimmte Art und Weise zu erkranken verstanden und weiterhin im Zusammenhang mit der Miasmen-Lehre als eine Heilblockade. Hahnemann soll daher vor jeder Therapie *sulphur* verabreicht haben, um die Psora in Gang zu bringen. *Luesinum* gilt als Anti-Syphilitikum und *thuja* als Anti-Sykotikum. Die Miasmen-Lehre kann metaphorisch auf die einzelnen Lebensphasen übertragen werden.

Die Syphilis hat einen Krankheitsverlauf, der in umgekehrter Reihenfolge des Weges der Selbstheilungskräfte geht. Zu Beginn treten schmerzlose Schleimhautgeschwüre, dann Lymphknotenschwellung auf. Im Endstadium kommt es zu einer Zerstörung des zentralen Nervensystems. Es ist ein destruktiver Verlauf: von „außen" nach „innen". Menschen, die sich in einer „syphilitischen" Phase befinden, können zu destruktiven Handlungen neigen: sie können aggressiv gegen die Umwelt sein oder auch gegen sich selbst. Ihre psychische Verfassung, ihre Emotionen suchen sich einen „zerstörerischen" Weg. Es kann in diesen Phasen zu entsprechend destruktiven Krankheitsbildern kommen. Das Arzneimittel *arsenicum* neigt zu einem eher nach innen gerichteten Krankheitsverlauf. Es besteht eine Tendenz eher zu Depression, Angst und erheblichen Schlafstörungen. Die Beschwerden werden auch in der Regel nachts schlimmer. Auftretende Krankheiten sind auch meistens „schwerer". *Arsenicum*-Typen werden nicht sehr leicht krank. Erwischt sie allerdings eine Grippe, liegen sie für gewöhnlich länger flach als andere. Ein „normaler" Durchfall enthält bei ihnen oft Blut. „Stressbedingter" Hautausschlag endet bei *arsenicum* oft in Schuppenflechte mit tiefen Hauteinrissen.

Von sykotischen Beschwerden spricht man, wenn es zu erhöhten Absonderungen oder Wucherungen kommt, die aber im Gegensatz zu syphilitischen meist „gutartig" sind wie beispielsweise Gerstenkörner, Muttermale. Ich nenne diese Phase „speichernd, aufnehmend". Eindrücke werden eher „geparkt" als verarbeitet. Man nimmt in diesen Phasen leichter zu, ist müde und verschlafen. Die Ängste, die einem plagen können, sind weniger drastisch: Angst vor der Dunkelheit oder sich zu blamieren. Menschen, die sykotisch veranlagt sind, können gut zuhören, sie sind eher ruhig, in sich gekehrt und meistens sehr sympathisch. Wenn Kolibakterien bei Erkrankungen im Spiel sind, kann das auch auf eine Sykose hindeuten. Typische sykotische Remedien sind *thuja* und *natrum sulfuricum*. Ich habe Ihnen bei dem Kapitel „Die Welt verändern" erzählt, dass es eine These gibt, nach der man sich tatsächlich „Wesen" erschafft, die dem eigenen Energieniveau entsprechen. So ein Kolibakterium findet nur Einlass in ein Körpersystem, wenn die „Frequenz" passt. Ob er draußen irgendwo rumgeschwirrt ist und man sich ansteckt oder ob man ihn tatsächlich „in sich" zum Wachsen bringt, weiß ich nicht. Ich glaube nur, dass alles immer und überall „da" ist – und je nachdem wie man sich geistig ausrichtet, kann „es" einem passieren. Vielleicht beginnen Sie meine Begeisterung für die Homöopathie zu teilen: sie beschäftigt sich genau damit und hat eine Lösung – im wahrsten Sinne des Wortes …

Als dem absoluten Gesundheitszustand am nächsten gelten die psorischen Phasen. Es kommt vermehrt zu allergischen Reaktionen – meistens über die Haut. Es kann Antriebslosigkeit oder Lethargie vorherrschen – sie haben allerdings einen anderen „Charakter" als die der Sykose. In der Psora sind sie eher von einem „laissez faire" bestimmt und eher wie das italienische „dolce far niente". In der Sykose kann eine Handlungsblockade bestehen – in der Psora sieht man eher nicht die Notwendigkeit zum Handeln. Man ist eher etwas schlampig und unordentlich. Letztere beiden Dinge sind übrigens für das Remedium *arsenicum* ein absolutes No Go! *Arsenicum* befindet sich sehr oft in einem Gedankenkarussell – vielleicht brauchen sie daher im Außen absolute Ordnung. Kommt man zu einer Arsenicum-Frau nach Hause, ist es blitzblank und aufgeräumt. Bei *sulfur*, dem psorischten Remedien von allen, kann es dagegen etwas drunter und drüber gehen. Sie haben auch eher das Problem, nichts wegwerfen zu können, weil man es vielleicht irgendwann noch einmal brauchen könnte. Eine Partnerschaft zwischen einem Arsenicum-

Weibchen und einem Sulfur-Männchen ist sicherlich „spannend": *Arsenicum* „ordnet" nicht nur gerne Dinge, sondern auch andere. *Sulfur* als philosophischer Freigeist steht Anordnungen aber ziemlich ablehnend gegenüber ...

Remedien, die von Natur aus eher psorisch sind, tendieren während einer entsprechenden Phase zu Hautunreinheiten, sykotische Remedien bekommen vielleicht mehr Warzen und syphilitische Remedien können mit Psoriasis oder Herpes reagieren. Eine Schuppenflechte bei *sulfur* spricht dagegen vielleicht dafür, dass sich die Person in einer syphilitischen Phase befindet. Auch unsere Welt unterliegt irgendwie diesen Phasen. Die Krankheiten mit denen die Menschheit geschlagen ist, zeigen dies auf. Läuse oder Wanzen sind heutzutage nicht mehr so verbreitet. Sie sind aber eher als psorische „Heimsuchung" zu bezeichnen. Schaut man sich dagegen an, mit welchen Krankheiten wir und unsere Haustiere immer mehr geschlagen sind, erkennt man für mich eine sehr syphilitische Ausrichtung unseres „Zeitgeistes"...

Bei Kindern haben sich mentale Symptome meistens auch noch nicht vollständig entwickelt. In den Wachstumsphasen ähneln sehr viele Kinder den Arzneimittelbildern der verschieden (homöopathischen) Kalziums. Das Leben formt. Bei vielen Patienten trifft man auf tief strukturierte Verhaltensmuster und es ist kann schwierig sein, zu erkennen, was eigentlich „hinter" der Person steckt. Es ist immer ein Mensch, mit seinen eigenen Problemen oder „Programmen". Die Einteilung in verschiedene Arzneimittelbilder soll den Menschen in seiner Einzigartigkeit nicht reduzieren. Ich habe eingangs geschrieben, dass wir alle so etwas wie ein Urprogramm in uns tragen – innerhalb der Familie können (Verhaltens-)Muster übertragen werden. Homöopathisch wird dies als Ur-Psora bezeichnet, der „schwarze Fleck", mit dem man auf die Welt kommt, einer Prädisposition, auf eine bestimmte Weise zu erkranken. Vielleicht erinnern Sie sich, dass ich auch geschrieben habe, dass wir uns selbst einen Spiegel vorhalten. Wir lernen, uns selbst in unserer Vollkommenheit zu erkennen. Die Psora könnte man mit dem Teil vergleichen, den wir von uns nicht sehen (wollen). Körperlich kann er sich in Form von Erkrankungen zeigen. Das chronischen Remedium zeigt mit seinem Arzneimittel-bild mentaler, funktionaler und organischer Symptome ein „Programm" auf. Eine Person, welche mit ihrer Symptomatik in dieses Programm passt, „ist" aber nicht dieses Programm, sondern spult es lediglich ab, oder benützt es. Was nun alles passieren kann, wenn man sein chronisches Mittel einnimmt, möchte ich Ihnen im Folgenden kurz aufzeigen.

Was macht das Globuli?

Im Zusammenhang mit der Homöopathie taucht immer das Wort „Erstverschlechterung" auf. Bei akuten Krankheiten z.B. Erkältung kann es durch die Einnahme der Arznei, welche die ähnliche, „künstliche" Erkrankung hervorruft sein, dass für eine kurze Zeit alles „doppelt" so schlimm ist. Meistens aber bekommt man diese Erstverschlimmerung gar nicht mit: ein stärkerer Hustenanfall oder die Nase läuft noch mehr. Im Falle von sogenannten akuten Erkran-kungen kann es daher zu einer sogenannten „Spontanheilung" kommen: Ein „Rums" und alles ist „draußen". Auch akute Krank-heiten beginnen auf der mentalen Ebene. Sie haben sich vielleicht schon mal gedacht: „Oh weia, ich glaube, ich habe mich heute erkäl-tet!" Die Erkältung scheint schon da zu sein, ohne dass die entspre-chenden Symptome (Husten, Niesen, Fieber) aufgetreten sind. Im Gegenzug fühlen Sie, dass Sie auf dem Weg der Besserung sind, obwohl die Nase noch ziemlich läuft.

Bei der Behandlung chronischer Erkrankungen spricht man grund-sätzlich nicht von einer „Erstverschlimmerung", sondern geht eher von einer „Reaktusierung" der Symptome aus. Ziel ist vorrangig, eine Harmonisierung auf der mentalen Ebene zu erzielen. Es kann zu einer kurzen Verschlechterung des mentalen Zustandes kommen – muss aber nicht. In der Regel ist es so, dass man müde ist – der Geist kommt „zur Ruhe". Ich fühle mich die ersten beiden Tage immer etwas „dumm" im Kopf und ich bin sehr langsam im Denken. Dann erscheint es mir so, als ob alles irgendwie wieder „Hallo" sagt: meine Ängste, meine Wut, aber nur kurz und sie verabschieden sich dann von selbst wieder. Viel Zeit, um darüber nachzudenken, was da alles hochkommt, habe ich meistens nicht – denn es melden sich meine alten Zipperlein. Meine Knie tun wieder mehr weh und ich bekomme meistens einen Herpes. Nehme ich mein persönliches Remedium, wenn ich zwischen nicht krank und nicht gesund bin, werde ich zuerst das erstere und dann das Letztere. Mein chronisches Arzneimittel „holt es raus". Ich kann Sie sehr gut verstehen, wenn Sie sich jetzt denken, so ein Globuli nehme ich sicher nie – wenn es einem dann schlechter geht und alle alten Sachen wieder hochkommen ... Die alten Sachen kommen übrigens in der Regel in umgekehrter Reihenfolge wieder hoch. Das, was man zuletzt hatte, zeigt sich zuerst und dann geht es immer weiter zurück in die „Vergangenheit". Es wird also Schicht für Schicht abgetragen. Es kommt auch nichts „hoch", was Sie nicht schon kennen …

Zu einer „Spontanheilung" kann es bei chronischen Beschwerden eigentlich gar nicht kommen. Chronische Erkrankungen sind in den meisten Fällen mit (stark) strukturierten, mentalen Symptomen (negativen Emotionen oder Gemütszuständen) verbunden. Die Homöopathie versucht, den Körper bei dem Eliminationsprozess zu unterstützen, indem sie die psychischen Blockaden ausgleicht und nach außen bringt. Sie können sich vorstellen, dass eine Spontanheilung im Falle depressiver Gemütszustände und erheblichen körperlichen Symptomen einen ganz schönen „Knall" geben würde – eine

Spontanheilung würde man bei chronischen Beschwerden in den meisten Fällen gar nicht „aushalten". Das weiß unser Körper und reagiert entsprechend: in seinem Tempo, mit ständiger und anhaltender Verbesserung. Die erste Heilung sollte mental erfolgen: man fühlt sich besser! Bei ständig wiederkehrenden Krankheiten tauchen die Beschwerden meistens nach der Einnahme des Mittels wieder auf. Aber vielleicht schon weniger heftig und weniger lang, bis sie sich letztlich ganz verabschieden. Bei ständig vorhandenen Beschwerden kann es sein, dass sie sich verändern oder im Sinne des Heilweges verlagern – von innen nach außen.

Ich möchte Ihnen von einem Fall erzählen, den mein Lehrer uns in seinem Kurs zum Verständnis für die Behandlung einer chronischen Erkrankung erzählt hat. Es ist eine traurige Geschichte. Eine Dame suchte homöopathischen Rat wegen ihrer Depressionen. Während der Befragung stellte sich heraus, dass sie unter einem sehr starken Hautausschlag – insbesondere im Gesicht und Halsbereich – litt. Dafür oder dagegen wurde sie mit Cortison behandelt. Der Hautausschlag war nur noch minimal sichtbar. Der Homöopath wies sie darauf hin, dass bei Einnahme ihres chronischen Mittels, der Ausschlag wieder kommen würde, versprach ihr aber ein langsames, kontinuierliches Abklingen der Hautbeschwerden und eine sehr baldige mentale Besserung. Es geschah wie vorausgesagt. Die Dame war wieder voller Flecken und Schuppen – dafür verabschiedeten sich allerdings ihre Depressionen. Die Dame arbeitete am Empfang eines Krankenhauses. Ihr Aussehen wurde als nicht tragbar für die Patienten und die Belegschaft empfunden. Sie nahm also wieder Cortison. Die Depression kehrt zurück und sie war aufgrund ihres Gemütszustandes bald darauf nicht mehr in der Lage ihrer Arbeit nachzugehen.

Für einen Homöopathen sind Hauterkrankungen die am wenig „schlimmsten" – im Gegensatz zur traditionellen Medizin, die meisten wenig Lösungsvorschläge aufzuwarten hat. Unser Lehrer bläute uns ein, dass bereits in Gang gesetzte Eliminationsprozesse des Körpers zu respektieren seien. Hautkrankheiten sollen auf keinen Fall „unterdrückt" werden, sondern die dahinter stehende Ursache geheilt werden. Für einen Patienten ist es sicherlich nicht einfach, denn im Zuge der Behandlung kann es sein, dass zuerst der bestehende Hautausschlag stärker wird – in diesem Zusammenhang stimmt der Ausdruck „Erstverschlimmerung".

Für einen Homöopathen ist es dagegen am schwierigsten, wenn ein Patient wenig oder keine organischen „Wehwehchen" hat und sich alles in dessen Kopf abspielt – dort sozusagen „eingesperrt" ist. Man kann sich das so vorstellen, dass eine „Entladung" über die Körperebene unterbrochen ist. Das Extrembeispiel hierfür wären pathologische geistige Störungen – echte Geisteskrankheiten. In früheren Zeiten wurden sie unter Konditionen „gehalten", die einen normalen Menschen sofort krankgemacht hätten oder umgebracht hätten. Ein schöneres Beispiel sind Ärzte, die Tag und Nacht arbeiten und ständig mit „Krankheitserregern" zu tun haben. Sie sind geistig total angespannt – für eine Krankheit hätten sie gar keine Zeit – der Geist hat ständig zu tun. Kommen sie mal zur Ruhe, entlädt sich diese geistige Anspannung meist und sie werden krank. Mentale „Erstverschlimmerungen" kann man sich in einigen Fällen nicht erlauben. Ich habe Ihnen erzählt, dass ich meistens müde werde und meine (alten) mentalen Belastungen nur kurz „Hallo" sagen. Für Patienten, die aber unter einer permanenten emotionellen Anspannung leiden, kann ein „Hallo" sehr schwierig werden. Die Homöopathie wäre aber nicht die Homöopathie, wenn sie nicht auch dafür eine Lösung hätte: je nachdem „wo" sich ein Patient befindet, werden die Mittel in unterschiedlichen Potenzen gegeben.

Wie oft, wie lang, wie hoch?

Die Lebensenergie eines jeden hat ihre eigene „Dynamik". Dementsprechend braucht ein Patient ein Mittel in einer bestimmten Potenz. In Abhängigkeit auf welcher Ebene man homöopathisch einwirken möchte, werden bei eher organisch oder funktionalen Problemen „niedrige" Potenzen (zum Beispiel 5C, 30C, 6D) eingesetzt, bei Arbeiten auf mentaler Ebene eher „hohe" (beispielsweise LM-Potenzen).

Über das Verfahren zur Herstellung einer homöopathischen Arznei habe ich bereits eingangs kurz berichtet. Ausgehend von einer Grundsubstanz (z.B. Urtinktur aus Arnika) werden die Mittel „potenziert". Bei den sogenannten D-Potenzen wird ein Tropfen der Grundsubstanz bzw. mit neun Tropfen Wasser oder Ethanol verschüttelt oder mit Milchzucker verrieben – man erhält eine D1. Die nächsthöhere Potenz D2 entsteht durch Entnahme eines Tropfens aus der soeben hergestellten D1 und anschließender Verschüttelung von neun Tropfen der Lösungsflüssigkeit. Bei C-Potenzen erfolgt die Herstellung in Hunderter-Schritten. Q- und LM-Potenzen haben ein Verdünnungsverhältnis von 1:50.000. Sie unterscheiden sich im Herstellungsverfahren: Q-Potenzen werden grundsätzlich aus verriebenen C1 bis C3 der jeweiligen Grundsubstanz hergestellt, wohingegen LM-Potenzen aus alkoholischen Verdünnungen von C1 und C3 entstehen. Bei nicht löslichen Ausgangstoffen (z.B. Metallen) ist die Herstellung von LM- und Q-Potenzen in den ersten Schritten identisch.

In den Potenzen D24 und C12 wird ein Verdünnungsverhältnis erreicht, das einem Tropfen des Ausgangsstoffes im Atlantik entspricht. Gegner der Homöopathie kann man schon verstehen, wenn sie fragen, wie das denn wirken soll? Damit der Vergleich nicht allzu sehr hinkt, müssten sie aber nicht nur ihre Köpfe, sondern auch den ganzen Atlantik fest schütteln (mindestens dreißig Mal) …

Den homöopathischen Mitteln wird zudem nachgesagt, dass sie immer „tiefer" d.h. auf der mentalen Ebene, wirken, je höher sie potenziert wurden. Die Seele oder die Psyche kann man weder anfassen noch sehen. Sie sind etwas „Geistiges". Einen wissenschaftlichen Nachweis für die Existenz von Heil-Information im Wasser gibt es nicht. Hahnemann erklärte sich die Wirksamkeit der Homöopathie, dass über die Potenzierung eine „im inneren Wesen der Arzneien verborgene, geistartige Kraft wirksam werde." Welche „Kraft" der Patient braucht, hängt von vielen Faktoren ab: Wie stark ist der Einfluss einer psychischen Belastung auf die Krankheit? Ist die Krankheit mehr auf der Körperebene – so eher im Falle sogenannter akuter Erkrankungen? Wie sehr ist die Krankheit bereits strukturiert und hat bereits Organe angegriffen? Die moderne Medizin ist sehr weit fortgeschritten und nicht nur ein Fluch, sondern auch ein Segen! Wenn etwas „kaputt" ist – sich die Krankheit sozusagen „materialisiert" hat, braucht es auch „materielle" Mittel. Ein zertrümmertes Bein wird durch Globulis nicht mehr ganz – sie können aber den Heilungsprozess unterstützen.

Das Motto: „Viel hilft viel" gilt bei der Homöopathie nicht. Eine 200c kann bis zu drei Wochen wirken. LM-Potenzen bis zu 6 Wochen. Ausschlaggebend ist zudem nicht die Menge an Globulis oder Tropfen – es reicht eins bzw. einer, der auf einen Rezeptor trifft. Das heißt, zehn Globulis machen nicht „mehr". Das bedeutet aber auch, ein Globuli mehr schadet nicht. Die Menge kann nur in ganz wenigen Ausnahmefällen eine Rolle spielen: es gibt Patienten, die reagieren überempfindlich auf die Homöopathie. In seiner 35-jährigen Laufbahn hatte mein Lehrer nur eine Patientin, die überreagiert hat. Nach einer einmaligen Einnahme ihres Remediums in 30c hatte sie das gesamte Arzneimittelbild aufgezeigt und dies auch sehr heftig

… Anschließend verordnete er ihr nur noch 1 Globuli ihres Remediums in niedriger Potenz in einem Liter Wasser aufgelöst, von dem sie nur einen Schluck trinken sollte …

Die Wiederholung der Gabe ist dagegen von wesentlicher Bedeutung. Wir tendieren dazu, ständig etwas „einnehmen" zu müssen. Sie können sich die Wirkungsweise der homöopathischen Mittel bildhaft vorstellen: ein Stein, der ins Wasser geworfen wird, schlägt kreisrunde Wellen, die sich immer weiter ausdehnen. Schmeißt man in diese Wellen einen zweiten Stein, werden die Wellen des ersten „zerstört". So in etwa ist es, wenn man zu „schnell" hintereinander ein Mittel einnimmt.

Für Ihre homöopathische Hausapotheke kann eine kleine Faustregel gelten. Bei akuten, kleineren Beschwerden reichen in der Regel niedrige Potenzen (5c oder 30c). In den meisten Fällen wird eine 5c zweimal und eine 30c einmal täglich verabreicht. Wenn Sie merken, dass es Ihnen besser geht, werden die Zeiten zwischen den Gaben verdoppelt. Statt zweimal täglich nehmen Sie das Mittel nur noch einmal täglich. Dann alle zwei Tage und so weiter, bis die Beschwerden abgeklungen sind. Mein Lehrer verwendet den Ausdruck: eine Krankheit frisst das Remedium. Was das bedeutet, möchte ich Ihnen am Beispiel einer sehr akuten Erkrankung eines meiner Pferde erklären:

Mein Wallach hatte einen Hitzschlag. Es herrschte warmes, schwüles Wetter und sein Körper konnte sich der Hitze über Schweißbildung nicht entledigen. Mein Wallach hatte hohes Fieber, keinen Stuhlgang und auch Harnverhaltung. Er stand mit hängenden Ohren in der Ecke der Box. Bis mein Lehrer und Tierarzt kam, gab ich ihm *belladonna* 30c alle 15 Minuten. Das „richtige" Mittel hatte ich nicht griffbereit, es wurde mir dann von meinem Lehrer gebracht: *glonoinum*. Dieses Mittel bekam er dann alle 30 Minuten. Für die Nacht hatte er mir *glonoinum* 200c dagelassen, um mir eine Nachtwache zu erspa ren. Mit einem nassen Tuch kühlte ich seinen Kopf und den Bereich zwischen den „Achselhöhlen und Schenkeln". Am nächsten Tag ging es ihm schon besser. Er bekam wieder die 30c allerdings in größeren Abständen. Normalerweise geht man in den Potenzen nicht zurück. Das heißt, wenn eine 200c gegeben wird, gibt man keine 30c, da die Wirkung der höheren Potenz zum Teil antidotiert wird und man dem Patienten „Energie" nimmt. Die akute Erkrankung des Pferdes war aber so heftig, dass die 200c nach der Meinung meines Tierarztes in der Nacht „verbraucht" wurde. Nach drei Tagen war mein Bubi wieder fit. Es stand wirklich Spitz auf Knopf um ihn. Der Tierarzt meinte übrigens, dass sehr viele Pferde mit diesen Symptomen im Hänger auf dem Weg zur Tierklinik sterben. In den schwülen Perioden leiden auch Hunde. Er hatte zur selben Zeit zwei Neufundländern das Leben gerettet … Seitdem habe ich übrigens zwei riesengroße Deckenventilatoren im Stall, die den ganzen Sommer vor sich hin brummen. Dieses Jahr möchte ich auch einen für mein Haus …

Die Homöopathie hilft übrigens nicht nur dem Patienten, sondern unterstützt auch den Homöopathen bei seiner Arbeit. Sollte ein „falsches" (chronisches) Remedium gegeben werden, zeigt sie diesen Fehler. Ein Homöopath verschreibt ein Mittel entsprechend der Symptome, die ihm der Patient mitteilt. Nach Einnahme des Mittels können diese Symptome wieder reakutisiert werden, wie ich Ihnen bereits erzählt habe. Bei einem „falschen" Mittel taucht mindestens ein Symptom auf, das der Patient nicht kennt. Meine Mutter hat fälschlicherweise einmal eine ziemlich hohe LM-Potenz des chronischen Mittels eines ihrer Hunde genommen. Sonst fragt sie mich immer und ich gebe es ihr. Manchmal ist sie aber ihrem Arzneimittelbild entsprechend etwas husch husch … Das Mittel lag noch auf ihrem Schreibtisch und so entdeckte ich den Fehler. Sie sah mich mit großen Augen an und fragte mich, was dann jetzt passieren könnte oder würde. Dass sie vielleicht zum Bellen anfangen würde, habe ich mir verkniffen. Ich sagte ihr, dass alle Symptome dieses Arzneimittelbildes, die ihrem entsprächen auch ihr helfen würden. Es könnte allerdings sein, dass ein Symptom rauskommt, das nicht „ihres" ist. Das würde aber auch nur kurz vorbei schauen und dann wieder gehen. Meine Mutter bekam kalte Füße – im wahrsten Sinne des Wortes. Ein paar Tage lang fühlte sie wie ihr Hund: sie fror an den Füßen. Dass gute an der Sache war, dass der Hund nun noch sorgsamer in eine kuschlige Decke am Sofa eingewickelt wurde …

Ein anderes Beispiel für Symptome, die auftauchen und, die nicht die „eigenen" sind, ist einer sehr guten Freundin von mir passiert. Sie war in ihrer Symptomatik sehr nahe an einem Remedium, das eingesetzt werden kann, um „syphilitische" Blockaden aufzulösen. Was das jetzt nun wieder sein soll, erfahren Sie im nächsten Kapitel. Meine Freundin ist sehr zuverlässig, superordentlich, sehr präzise – aber macht vielleicht Dinge etwas auf den letzten Drücker. Vor Terminen kann es sein, dass sie etwas unter Zeitdruck gerät. Zu früh zu sein, passiert ihr eigentlich nicht – nur einmal, nach Einnahme dieses Mittels: sie saß eine halbe Stunde vor einer geplanten Abreise auf ihren fertig gepackten Koffern. Falls Sie jetzt auf die Idee kommen sollten, dass man durch die Gabe eines „falschen" Remediums die „Persönlichkeit" steuern könnte, wie aus einem unpünktlichen einen pünktlichen Menschen, muss ich Sie leider enttäuschen. Meine Freundin ist nebenbei bemerkt nicht unpünktlich. Dass sie zu früh dran war, hat sie verwundert. Es kam allerdings noch etwas anderes hinzu: sie hatte Sorgen um ihre Wohnung. Dass etwas passieren könnte, während sie im Urlaub ist. Ein Gefühl, das sie so nicht kannte und ihr auch verständlicherweise nicht sonderlich gefiel.

Kein Remedium ist „perfekt", genauso wie kein Remedium nicht vollkommen in sich selbst ist. In einem absolut ausgeglichenen Zustand könnte man fast sagen, wären wir alle „gleich": einfach Menschen, die in sich selbst ruhen und mit sich eins sind.

Wirkt nicht, hilft nicht!

Zeigt eine Therapie keinen Heilerfolg, stellt sich der Homöopath so einige Fragen ... In der Regel wird auf die Homöopathie als letzter „Ausweg", nachdem „alles" vorher versucht wurde, zurückgegriffen. Dann soll sie Wunder vollbringen, und zwar schnell. Wie ich Ihnen bereits gesagt habe, ist dies im Falle chronischer Erkrankungen eigentlich gar nicht möglich. Auch ist es leider so, dass manche Leiden (bereits) so strukturiert sind, dass eine Heilung nicht (mehr) möglich ist. Homöopathisch versucht man gezielt, Symptome zu lindern – man spricht dabei von Palliation. Von einer Suppression spricht man dagegen, wenn Symptome unerwünscht unterdrückt werden. Dies wäre der Fall, wenn bei einer psorisch gelagerten Hauterkrankung, die Beschwerden nach innen verlagert werden – wie in dem traurigen Fall von der Dame, den ich Ihnen bereits geschildert habe.

Sicher haben Sie sich bereits die Frage gestellt, was passiert, wenn der Homöopath das „falsche" chronische Mittel wählt. Welches Remedium ein Homöopath letztlich in dem Patienten erkennt, beruht auf seiner Einschätzung oder Bewertung, die immer auch einen subjektiven Charakter hat. Ein sehr ruhiger, gelassener Homöopath sieht eine (innere) Unruhe bei einem Patienten womöglich anders, als ein Homöopath, der auch etwas „lebhafter" Natur ist. Ich habe Ihnen bereits erzählt, dass es manchmal nicht einfach ist, die Arzneimittelbilder in der „Praxis" zu unterscheiden, ebenso spielt die momentane Verfassung des Patienten bei der Repertorisierung eine große Rolle. Auch kann es sein, dass Sie als Patient einem noch nicht erforschten Remedium entsprechen – man hat mittlerweile 4600 unterschiedliche Remedien getestet. Ein Homöopath kann nicht alle kennen ... Es gibt mittlerweile Computerprogramme, welche die Analyse erleichtern. Aber in der Regel bewegt sich ein Homöopath um hundert Arzneimittelbilder, die er „auswendig" kennt. Das Schöne an der Homöopathie ist, dass man nicht eine Hundert prozentige Überstimmung aller Symptome zwischen Patient und Arzneimittelbild braucht, um die Selbstheilungskräfte in Gang zu bringen. In diesen Fällen kann es nur sein, dass Symptome erscheinen, die der Patient nicht kennt, die aber von selbst wieder verschwinden.

Wenn nach Einnahme einer homöopathischen Arznei nichts passiert, ist es möglich, dass eine Potenz gewählt wurde, die der Dynamik der Lebenskraft des Patienten nicht entspricht. Manche reagieren eher auf die C-Potenzen andere auf die LM. Möglich ist aber auch eine „Heilblockade". Hahnemann hat in diesem Zusammenhang von Miasmen gesprochen. Blieb die Behandlung einer chronischen Erkrankung erfolglos, vermutete er dahinter ein „Ur-Übel". Er sprach von der Psora (als Folge der Krätze), der Sykosis (als Folge der Feigwarzenkrankheit oder Gonorrhoe) und der Syphilis. Hahnemann gab vor jeder Therapie *sulphur* um die Psora in Gang zu bringen. Aus dieser Miasmen-Lehre stammt, wie ich Ihnen bereits sagte, die Einteilung entsprechender Lebensphasen, in denen sich ein Patient befinden kann. Möglich ist allerdings, dass die Selbstheilungskräfte durch ein Erlebnis blockiert – erstarrt – sind. Der Verlust eines geliebten Menschen oder ein schwerer Unfall können dazu führen. Viele Homöopathen arbeiten daher Themen mit der Gabe entsprechender Mittel ab. Ignatia hilft bei der Bewältigung von Trauer im Falle des Todes eines Familienmitgliedes. Arnica ist nicht nur ein Mittel bei physischen Traumen, sondern auch ein Mittel nach psychischen Stresssituationen. Jedes Remedium hat neben den mentalen Symptomen auch ein „Thema" – etwas, das einem „passiert" sein kann.

Je mehr ich mich mit der Homöopathie beschäftige, umso mehr erkenne ich ihre Komplexität und meine Wissensmängel. Für mich selbst oder für meine Tiere die „richtige" homöopathische Arznei zu finden, stellt mich oft vor große Probleme. Ich habe mich oft gefragt, ob es nicht ein einfaches Mittel gibt, das man sich selbst machen kann – ohne finanziellen Aufwand. Ohne großes Wissen. Ein Mittel, das auch „hilft", mich leichter selbst zu „erkennen" oder mich wieder in meine Mitte zu bringen. Wie kann ich mir einen **Placebo** basteln, an den ich glauben kann, obwohl ich weiß, dass es eigentlich nur ein Placebo ist?

Mein Super-Placebo

Was könnte geeignet sein, um ein Mittel für mich aus mir selbst herzustellen? Homöopathische Mittel werden aus allem Möglichen hergestellt: *pyrogenium* ist verwestes Rindfleisch, *formica rufa* sind zerhexelte Ameisen und *urea* ist potenzierter Harnstoff. Die Einnahme von Letzterem soll auch „pur" helfen ... Zu einer Eigenurinbehandlung konnte ich mich noch nicht durchringen und ich denke, dass ich es auch nicht werde. Eigenblutbehandlungen sind ebenfalls nichts für mich, weil ich da ja vorher mein Blut abnehmen lassen müsste und das mache ich höchst ungern. Es soll also nicht zu eklig sein und auch nicht wehtun – aber alle Informationen über mich enthalten. Bleibt nur eins: Haare!

Aus Haaren kann man viel erfahren ... Sogar in der Toxikologie dienen Haaranalysen zur Bestimmung, welche chemischen oder organischen Verbindungen ein Mensch über einen Zeitraum von mehreren Monaten aufgenommen hat. Als ich noch „energetisch gearbeitet" habe, wollte ich neben einem Foto auch ein paar Haare aus der Mähne eines Pferdes oder aus dem Fell eines Hundes. Es half mir eine bessere Verbindung aufzubauen. Ich konnte etwas von dem Tier „anfassen". Mein Pendel zeigte mir nicht nur organische Belastungen, sondern ich konnte über die Haare auch etwas über die psychische Verfassung des Tieres erfahren. Auch wenn sie nicht abgeschnitten sind, erzählen uns Haare sehr viel ...

Wenn man nicht sehr gut drauf ist, schaut es nicht nur im Kopf, sondern auch auf dem Kopf nicht so toll aus: stumpf statt glänzend, kreuz und quer oder nur runterhängend. Nicht nur in einigen Friseursalons, sondern auch in vielen Märchen oder Sagen geht es um Haare, die kein schönes Ende nehmen. Auf Rapunzels Haar ist neben der bösen Zauberin auch ein Prinzlein hochgeklettert. Zur Strafe wurde die Pracht abgeschnitten. Samson wäre vielleicht immer noch gottgeweiht und mit übernatürlichen Kräften versehen, hätte die böse Delilah nicht geschnippelt. Dem (armen) Teufel mit den drei goldenen Haaren wurden auch diese letzten noch ausgezupft. Das Kahlscheren galt früher als Bestrafung. Gefangenen oder „gefallenen" Frauen wurden sie abrasiert. Auch politische oder religiöse Gesinnungen lassen sich durch die Haare ausdrücken. Konservative Juden sind an den Zöpfchen zu erkennen und zu meiner Zeit zeigte man durch Punkfrisuren, was man vom gesellschaftlichen System hält, wohingegen man glaubt, Rasterlocken würden dafür sprechen, dass alles irgendwie easy ist, solange der Kräutergarten ordentlich gedeiht ...

Nicht zuletzt soll die Farbe der Haare Bände sprechen. Für einen Homöopathen kann sie übrigens schon ein Indiz für das chronische Mittel sein. Feine, blonde oder rötliche Haare sprechen für das Remedium *phosphor*. Schwarzes, krauses Haar kann ein Hinweis auf *thuja* sein. Ich wurde aufgrund meiner Haarfarbe als „blondes Huhn" bezeichnet. Wäre ich dunkelhaarig, würde man mich vielleicht als „geheimnisvoll" bezeichnen. Ich hatte sie mir auch schon mal rot gefärbt, weil ich glaubte, so meinen Charakter besser zum Ausdruck bringen zu können. Die Sonne machte aus der künstlichen Haarfarbe ein Orange und ich wurde als „durchgeknallter Pumuckel" bezeichnet. Mittlerweile färbe ich mich blond, denn es kommen ein paar graue Haare durch – und „weise" will ich jetzt noch nicht wirken …

Haare haben für mich noch eine ganz besondere andere Bedeutung. Sie haben mir gezeigt, dass der Geist wirklich die Materie dirigiert. Mit elf Jahren war ich eine Zeit lang krank. Ich hatte zwei Krankenhausaufenthalte hinter mir: einen als Folge einer Kieferhöhleneiterung, der andere wegen eines Blinddarmdurchbruchs. Anschließend gingen mir meine Haare aus. Ich hatte damals zwei blonde lange Zöpfe, die dann zu einem sehr mickrigen schrumpften. Ich hatte keine Locken. Wenn dann könnte man sagen, dass ich früher ein paar Wellen hatte. Der Friseur hat mir dann das verbliebene Schwänzchen abgeschnitten, damit sich die Haare leichter wieder erholen könnten. Das taten sie aber nicht so schnell. Es blieb bei dünnem, glattem, kurzem Kopfbewuchs. In der Schule saß ich neben einem Mädchen, das blondes, lockiges, fast krauses Haar hatte. Sie brauchte einen grobzahnigen Kamm, um überhaupt durch diese Wolle zu kommen. Ich sagte ihr immer wieder, wie toll ich ihre Haare fand. Sie erklärte mir, wie sie diese pflegte und was diese Art von Haaren so mag und nicht mag. Den Kamm und die Bürste, die ich verwendete, wäre für ihre Locken ganz übel. Ich kaufte mir einen Lockenkamm und begann meine Haare damit zu kämmen. Ich tat alles, was sie mit ihren Haaren tat, als ob ich auch so etwas auf dem Kopf haben würde. Ich war noch ein Teenager und von „geistigen Gesetzen" hatte ich noch nie etwas gehört – ebenso meine Umwelt. Die belächelte übrigens mein Verhalten eher mitleidig. Ich dachte darüber nicht nach. In mir war nur der Wunsch, solche Haare wie dieses Mädchen zu haben. Und auf meinem Kopf begannen ziemlich viele Locken zu wachsen, die ich sehr gern habe und immer noch so pflege wie damals meine drei Härchen …

Meine neuen Haare hatten eine andere „Frequenz". Dass mir diese Änderung gelungen ist, hing damit zusammen, dass ich meine anderen nicht „loshaben" wollte. Vielleicht wäre ich sonst ganz kahlköpfig geworden … Spaß beiseite. Ich fand meine Frisur eigentlich irgendwie auch ganz cool. Ich wurde oft mit einem Jungen verwechselt. Ich bin ein Kind der achtziger Jahre und so ein androgyner Look war damals ziemlich hip … Heute verstehe ich, dass ein Widerstand gegen das „wie ich bin" oder „was ist" genau dazu führt, dass ein Programm weiterläuft. Ich war meiner Klassenkameradin auch nicht „neidig" um ihre Haarpracht. Ich fand sie einfach nur toll. Sie wiederum unterstützte mich in meinen Bemühungen und sie zeigte mir, wie das so geht mit Locken. Sie sagte niemals, dass ich das ja nicht zu wissen oder können bräuchte mit meinen Fusseln. Was ich damals in der Schule für einen Engel neben mir hatte, begreife ich auch erst heute …

Das Ausgangsmaterial für den Super-Placebo war also gefunden! Ob das, was ich mit dann meinen Haaren angestellt habe, um den Placebo herzustellen, an eben diesen herbeigezogen ist, weiß nicht. Bei der Herstellung meines „Haarmittels" habe ich mich an bereits bewährte Verfahren gehalten. Ich habe zwei Herstellungsmethoden ausprobiert: alla Bachblüten – ich nenne sie Kerzenmethode – und alla homöopathischer Verreibung.

Kerzenmethode

Bachblütentropfen werden auf zwei verschiede Arten hergestellt. Man unterscheidet die Sonnenmethode und die Kochmethode. Bei der Sonnenmethode werden die Blüten in eine Glasschale mit Quellwasser gelegt und für 3-4 Stunden in die Sonne gestellt. Bei der Kochmethode werden Frühblüher insbesondere Baumblüten eine knappe halbe Stunde gekocht, sofern die Intensität des Sonnenlichts für die Herstellung der Essenz nicht ausreichend ist. Die auf diese Weise hergestellten Essenzen werden gefiltert und im Verhältnis 1:1 mit Brandy vermischt, damit sie haltbar sind.

Für die Herstellung des Super-Placebos habe ich mich für ein Mischmasch aus beiden Verfahren entschieden: Sie brauchen zunächst ein paar Haare von sich. Sollten diese gefärbt sein wie meine, dann müssen Sie halt unten an die Schamhärchen ran. Einer meiner Cousins meinte dazu nur: „Ua, wie schamant!" Ich habe mich davon allerdings nicht aus dem „Konzept" bringen lassen. Sie brauchen auch nicht viele Haare. Ein Quadratzentimeter reicht. Die Haare geben Sie in ein Glas mit Wasser. Verwenden Sie das Wasser, das Sie auch normalerweise trinken. Das Glas stellen Sie auf ein Teestövchen und zünden eine Kerze darunter an. Das Glas, das Sie verwenden, sollte hitzeresistent sein. Das Kerzenlicht erhitzt das Wasser und damit auch das Glas. Nach etwa 2 Stunden ist die „Urtinktur" des Super-Placebos fertig. Wenn die Sonne scheint, können Sie das Stövchen auch draußen oder auf dem Fensterbrett aufstellen – je mehr Licht, desto besser. Nun filtern Sie das „Haarwasser", damit die Haare nicht im Wasser bleiben, und füllen es in ein kleines braunes oder violettes Medizinfläschchen mit Pipette. Ich verwende ein Fläschchen, in das 20 ml passen. Lassen Sie noch etwas Luft im dem Fläschchen, denn es kommt etwas Alkohol hinzu. Wenn Sie 35%-igen Alkohol verwenden, dann sollte ein Drittel des Fläschchens mit Alkohol gefüllt werden – der Rest ist „Haarwasser". Den Rest, der im Wasserglas verblieben ist, können Sie über den Tag verteilt gleich trinken. Wenn Sie sich jetzt denken: „Ja, dann Prost!", kann ich es Ihnen nicht verübeln …

Das „Haarwasser" ist sicher nichts für diejenigen, die bei einem Haar in der Suppe in eine tiefe seelische Krise stürzen. Ich gehöre übrigens dazu. Als ich das erste Mal das Wässerchen getrunken habe, kontrollierte ich sehr genau, ob sich da nicht doch noch ein Härchen verirrt haben könnte. Ansonsten habe ich meinen Verstand auf Stand-by gestellt. Der hätte nämlich sonst um sich selbst gebangt und mir dies auch ununterbrochen und vehement mitgeteilt … Ich dagegen wartete auf „Reaktionen". Mir wurde schwindlig und in der Nacht hatte ich Ohrenschmerzen bis zum Hals hinunter. Am nächsten Morgen habe ich mein Selbst während eines Channelings gefragt, was das denn nun zu bedeuten habe. Ich erhielt als Antwort, dass ich nun besser hören würde, auch die feinen und die leisen Töne. Es wäre wie eine Einstellung auf eine weitere oder andere Frequenz.

Für das Super-Placebo hatte ich einige Familienmitglieder und Freunde als Probanden gewinnen können. Eine Freundin von mir hatte ähnliche Beschwerden wie ich sofort nach der ersten Einnahme. Meine Mutter merkte nach der ersten Einnahme wenig, vielleicht etwas Hitze im Gesicht. Die Tochter einer Freundin litt immer wieder an einem wiederkehrenden Zahnabszess. Sie nahm das „Haarwasser" ein paar Tage ein. Daraufhin kam der Abszess wieder, ging endlich auf und heilte dann ab.

Selbstverständlich habe ich auch für jedes meiner Tiere ein Super-Placebo hergestellt. Mein Fohlen bekam eine Kolik an einem Samstagabend. Meinen Tierarzt konnte ich nicht erreichen. Sie lag in der Box und stöhnte. Ihr Bauch war sehr stark aufgebäht. Ich gab ihr ein homöopathisches Mittel, das ich als das richtige empfand und das erste Mal ihr Haarwasser. Letzteres ungefähr drei Mal im Abstand von 3 bis 5 Minuten jeweils eine Spritze (5 ml) voll. Schon kurze Zeit nach Gabe des homöopathischen Mittels und des Super-Placebos merkte ich, dass es ihr deutlich besser ging. Nach einer knappen Stunde war sie wieder vollkommen ok. Ich hatte Glück. Es war sicherlich keine schlimme Kolik und ich hatte sie rechtzeitig erkannt. Dennoch – mir kam es so vor, als ob das Super-Placebo die Wirkung des homöopathischen Mittels unterstützt hat. Dieser Meinung bin ich noch heute! Mir erscheint es, als ob deren Wirkung effizienter wird, dass ihre Wirkung „leichter" oder „schneller" durchkommt …

Einige meiner Freundinnen meinten, sie würden sich „klarer" oder „reiner" fühlen. Dann kam aber das große ABER: nach einiger Zeit würde es nicht mehr so wirken. Ich empfahl ihnen das Super-Placebo wieder neu herzustellen oder zu potenzieren. Ich hatte in der Zwischenzeit schon weiter experimentiert und das erste Haarwasser („Urtinktur") wie homöopathische Mittel potenziert. Bei mir „half" es daher immer noch – damit meine ich, es hatte immer noch einen Placeboeffekt bei mir. Potenziert habe ich übrigens ganz einfach. Ich habe mich dabei an die Korsakoff-Methode gehalten.

Herr Nocolajewitsch von Korsakoff (1788-1853) war russischer Großgrundbesitzer, kein Arzt, interessierte sich allerdings für Homöopathie. Da ihm die Herstellung homöopathischer Mittel zu aufwendig war, experimentierte er verschiedene Potenzierungsmöglichkeiten. Ich habe mit meinem Lehrer zusammen einmal ein 30c aus zerhaxelten Larven der japanischen Gallwespe hergestellt. In Italien sind die Kastanienbäume davon leider sehr stark befallen, so auch meine. Wir machten eine Versuchsreihe. Mein Pendel meinte allerdings, dass ich den Bäumen eine 200c von unserem selbst hergestelltem Mittel verabreichen sollte. Diese Potenz wirkt wie eine Impfung. Aber für die Herstellung einer 200c braucht man 200 Potenzierungsgefäße und sehr viel Zeit. Dazwischen muss man immer wieder mit dem jeweiligen Fläschchen gegen eine weiche Unterlage schlagen – diese Aufgabe übernahm mein Lehrer. Er brauchte anschließend *arnica* 30c, weil im seine Hand wehtat … Ich habe meine Kastanienbäume mit anderen homöopathischen Mitteln behandelt. Dieses Frühjahr versuchte ich eine Gabe aus dem Larven-Mittel nach der Korsakoff-Methode, um eine höhere Potenz auf leichtere Weise zu erhalten. Meinen Kastanienbäumen geht es besser. Nur einige wenige Blätter sind mit den Larven befallen. Es kann natürlich auch sein, dass mittlerweile auch bei mir ein Insekt angekommen ist, dass von staatlicher Seite importiert und dann ausgesetzt wurde, um diese Larven zu fressen. Ich weiß es nicht. Den Namen dieses Insektes habe ich nicht heraus bekommen. Mir wurde nur erzählt, dass seine Verbreitung insoweit ein Problem darstellt, dass es keine Höhen überwindet. Das heißt, wird es bei einer

Höhe von 400 Metern über den Meeresspiegel ausgesetzt, dann verbreitet es sich von 400 Metern abwärts. Es kommt also nicht bei Gegenden über 600 Meter an. Die Gemeinde in meiner Nähe, die an diesem Projekt teilgenommen hat, liegt tiefer als mein Anwesen …

Zurück zum Super-Placebo: Wenn Sie Ihren Super-Placebo nach Korsakoff potenzieren möchten, brauchen Sie ein weiteres Fläschchen mit einem Fassungsvermögen von 15 ml. In dieses Fläschchen füllen Sie 5 ml (circa 100 Tropfen) Wasser. Es gibt Spritzen, die haben genau dieses Fassungsvermögen. Nehmen Sie die Nadel ab und ziehen das Wasser einfach auf und füllen es in das Fläschchen. Dann geben Sie einen Tropfen Ihres Haarwassers dazu, schließen das Fläschchen und schütteln kräftig – zweimaliges kräftiges Schütteln wird als ausreichend gesehen. Ich schüttle vorsichtshalber öfter … Sie haben dann eine 1C Ihres Haarwassers. Diese Flüssigkeit schütten Sie dann mit einem kräftigen Armschlag aus. Nach den Berechnungen von Korsakoff bleibt dabei genau ein Tropfen in der Flasche. Nun füllen Sie wieder mit 5 ml Wasser auf, wieder kräftig schütteln und ausleeren. Damit ist Ihre erste Korsakoff-Potenz hergestellt. Sie können den Vorgang so oft wiederholen, wie Sie möchten. Die letzte Potenz, die Sie herstellen, sollte allerdings Alkohol beinhalten, damit das Wasser haltbar ist. Bei einem 35 % Alkohol genügt es, wenn Sie 2 ml Alkohol und 3 ml Wasser in die Spritze hochziehen.

Da ich jede „K-Potenz" des Super-Placebos ausprobieren wollte, habe ich es mir etwas einfacher gemacht. Ich habe immer ungefähr 10 % der vorherigen Potenz im Fläschchen gelassen und dann wieder mit der Alkohol-Wasser-Mischung aufgefüllt. Es sollte immer etwas „Luft" im Fläschchen sein, damit man die Flüssigkeit auch schütteln kann. Ich kann Ihnen keine Empfehlung geben, welche K-Potenz des Placebos, die beste für Sie sein könnte. Wenn Sie gleich zu Anfang höher gehen möchten, können Sie das machen. Ich würde Ihnen aber trotzdem raten, in kleinen Schritten vorzugehen und vorerst maximal mit einer 5K beginnen. Auch wie oft Sie es pro Tag nehmen, hängt von Ihnen ab. Ich habe festgestellt, dass man es schon mindestens dreimal täglich nehmen sollte – zumindest am Anfang. Ich nahm es immer und ich nehme es weiterhin, bei emotionalen Schwierigkeiten, zum Beispiel wenn Angst hochkommt. Ich nehme es dann in kurzen Abständen (circa 5 Minuten) so oft, bis ich mich besser fühle. Man kann auch ein paar Tropfen des Super-Placebos in eine Flasche mit Wasser geben und über den Tag verteilt trinken.

Ich habe in dem Kapitel zur Homöopathie geschrieben, dass für die Potenzierung destilliertes Wasser verwendet wird, um auszuschließen, dass Bestandteile, die sich normalerweise im Wasser befinden, homöopathische Wirkungen entfalten. Sie können das machen, wie Sie möchten. Ich verwende das Wasser, das ich normalerweise auch trinke. Natürlich werden alle Bestandteile dieses Wasser mitpotenziert wie vielleicht ein Minimalbestandteil von Arsen. Ich für mich (!!!) sehe da kein „Problem". Sollte etwas „Giftiges" im Wasser sein und wird es mitpotenziert, dann hilft es mir gleichzeitig mit diesem Bestandteil im Wasser besser fertig zu werden, wenn ich es normal trinke. Auch das kann man glauben, wenn man will oder nicht – ich tue es …

Verreibung

Natürlich wollte ich auch sehen, ob das Haar-Placebo „anders" wirkt, wenn man es gemäß einer homöopathischen Verreibung herstellt. Da ich der Homöopathie sehr zugetan bin, bilde ich mir natürlich ein, dass es noch „tiefer" und „besser" wirkt, wenn die Haare verrieben werden. Wie das geht, erkläre ich Ihnen gleich und sage Ihnen vorweg aber schon, dass Sie dazu insgesamt vier Stunden brauchen werden. Folgendes benötigen Sie noch dazu:

- Mörser aus Keramik (ich habe einen aus Marmor verwendet und mir bei der Verreibung gedacht, wenn von diesem Material etwas abgeht, ähnelt es seiner Wirkung *calcium carbonicum* (Austernschalenkalk). Zwischen diesem Kalk (Aragonit), der von Lebewesen abgelagert wird und dem weißen Marmor bestehen nur Unterschiede in der Kristallstruktur. Nach langen Zeiträumen und unter Druck wird daraus Calcit: Marmor. Da ich körperlich eher „carbonisch" (= nicht dünn) bin, dachte ich mir, dass so kleine Bestandteile davon auf keinen Fall schaden würden. Außerdem ist es dann auch gut für meine alten Knochen.

- Pistill aus Keramik (ich habe einen Holzpistill verwendet, der zu der Ausstattung des Marmormörsers gehört. Obwohl ich beide gut gewaschen habe – ich verwende sie im Haushalt zum Verstoßen von Peperoncino, Knoblauch und diversen Kräutern – musste ich während der Verreibung schon etwas schmunzeln, als mir durch den Kopf ging, ob ich nicht auch gleichzeitig Pesto potenziere …)

-

- Spatel zum Abkratzen (ich habe den Stil eines flachen Holzkochlöffels verwendet – „homöopathietechnisch" nicht sehr professionell, aber etwas anderes hatte ich nicht zur Hand und meinen Marmormörser wollte ich auch nicht zu stark verkratzen … Ich würde auf keinen Fall etwas aus Plastik oder Metall verwenden. Ich kenne die Wirkungen von Metall in der Homöopathie … Potenzierte abgewetzte Messerspitze wollte ich nicht in meinem Super-Placebo haben).

- Apothekenreinen Milchzucker

- Ihre Haare etwas klein geschnipselt – so ungefähr einen Esslöffel voll (es sollten 0,06 Gramm sein – ich habe nichts abgewogen, da ich keine so feine Waage habe. Bei anderen Materialien geht man von einer Messerspitze des zu verreibenden Materials aus. Da Haare aber fast nichts wiegen, dachte ich mir, ein Esslöffel voll müsste passen.)

- Eine Uhr – am besten mit Sekundenanzeige, weil es scheint, dass bei der Rührerei die Zeit nie vergeht und so gesehen jede Sekunde „zählt" ...

- Papier und Stift, damit Sie Ihre Eindrücke und Empfindungen während der einzelnen Verreibungsschritte aufschreiben können (ich habe das gemacht – ich erzähle Ihnen später von meinen „Erlebnissen").

Wenn Sie nach vier Stunden mit der Verreibung fertig sind, haben Sie eine C4 Ihres Super-Placebos. Ich habe die Prozedur auf zwei Tage verteilt. Zwei Stunden pro Tag konnte ich verkraften und trotzdem wurde ich schon etwas unleidlich und habe mich gefragt, was ich da eigentlich mache ...

Was Sie jetzt alles für eine Verreibung machen sollten, kommt nun:

Geben Sie 2 Gramm Milchzucker in den Mörser und rühren etwas darin herum, damit sich die Poren des Mörsers verschließen. Der Milchzucker wird stufenweise verrieben. Es wird immer nur ein Drittel hinzugefügt. Daher ist es etwas zeitaufwendig. Ich habe auch den Milchzucker nicht genau abgewogen. Ein Esslöffel voll Puderzucker entspricht ungefähr 10 Gramm. Daran habe ich mich orientiert. Für eine Verreibungsstufe brauchen Sie insgesamt 6 Gramm Milchzucker. Ich habe jeweils einfach einen Drittel Esslöffel voll für die stufenweise Verreibung in den Mörser ... Falls Herr Hahnemann von oben zugeschaut haben sollte, hoffe ich, dass er nicht nur ein, sondern seine beiden Augen zugedrückt hat und ich das Ganze als aufmunterndes Zuzwinkern interpretieren darf.

Dann geben Sie Ihre Haare in den Mörser zu diesen ersten 2 Gramm Milchzucker und verreiben das Ganze nun insgesamt 6 Minuten. Danach kratzen Sie das, was an der Wand des Mörsers ist, vier Minuten lang ab (danach kann man eine Pause einlegen, um sich aufzuschreiben, was an Gefühlen hochkommt). Dann reiben Sie wieder 6 Minuten und kratzen 4 Minuten ab. Jetzt erst kommen wieder ungefähr 2 Gramm des Milchzuckers hinzu. Und Sie müssen wieder 6 Minuten rühren und 4 Minuten abkratzen. Dann nochmals 6 Minuten verreiben und wieder 4 Minuten abkratzen. Und schließlich kommt das letzte Drittel des Milchzuckers hinzu und Sie müssen wieder 6 Minuten reiben und 4 Minuten abkratzen. Dann nochmals Reiben und Kratzen. Jetzt ist eine Stunde vorbei und Sie haben eine C1 Ihres Super Placebos!

Nochmals ganz einfach: ein Drittel des Milchzuckers wird insgesamt 20 Minuten „bearbeitet", dann das nächste Drittel und das letzte ebenfalls. Ich habe mir eine Strichliste gemacht, weil ich sonst nicht mehr wusste, wo ich war … Das, was Sie sich da so mühsam zusammengerieben haben, wird jetzt ausgeschüttet!

Der verbleibende Rest am Rand reicht als „Tropfen" für die nächste Potenz: die C2.

Sie geben wieder 2 Gramm (ein Drittel) Milchzucker in den Mörser und verreiben 6 Minuten und kratzen 4 Minuten ab und so weiter – wie bei der Herstellung der C1 vorher – nur, dass Sie wahrscheinlich fast keine Haare mehr darin finden werden … Auch dieser Vorgang dauert wieder eine Stunde. Auch dieses Mal wird der Inhalt weggeschüttet. Sie beginnen dann mit der Herstellung der C3 – genau wie vorher. Erst 2 Gramm Milchzucker verreiben und abkratzen, dann nochmals 2 Gramm und nochmals. Einen Durchgang müssen Sie noch durchhalten und dann haben Sie ein C4! Weiter verreibt man nicht – die Grundsubstanz (Haar) gilt dann als „löslich".

Um eine C5 herzustellen, nehmen Sie etwa 1 Gramm des C4-Pulvers und geben es in 100 ml Lösungsflüssigkeit (1/3 Alkohol; 2/3 Wasser). Sie brauchen eine Flasche mit einem etwas größerem Volumen, damit sie Luft zum Schütteln haben. Ich habe für das Gramm eine gute Messerspitze voll genommen und Herr Hahnemann hat fest gezwinkert, weil es nicht genau seinen strengen Vorgehensweisen entspricht. Das Ganze habe ich sehr fest geschüttelt, das können Sie mir glauben … Diese Flasche heben Sie sich bitte gut auf und beschriften Sie!

Ab dieser C5 bin ich dann weiter mit der Korsakoff-Methode vorgegangen – aber etwas vereinfacht … Auch Herr Korsakoff musste diesbezüglich sicher sehr fest blinzeln … Das heißt, ich habe ein Medizin-Fläschchen genommen, es mit der C5-Flüssigkeit aufgefüllt und dann ungefähr 90 % ausgeschüttet. Die restlichen ungefähr 10 % gelten bei mir als der eine Tropfen. Dann habe ich das Fläschchen wieder mit 1/3 Alkohol und 2/3 Wasser aufgefüllt (nicht bis ganz oben hin damit Platz für die Flüssigkeit während des Schüttelns ist). Ich verwende jede Potenz, bis das Fläschchen ungefähr bis zu 10 % leer ist, und fülle es dann wieder auf. Machen Sie sich, wenn möglich, eine Strichliste, damit Sie wissen, bei welcher Potenz Sie sind. Es kann nämlich sein, dass das Fläschchen kaputt geht … Da Sie aber das erste Fläschchen mit Ihrer C5-Lösung aufgehoben haben (vgl. Hinweis oben), ist nichts Schlimmes passiert. Sie nehmen ein neues Fläschchen und potenzieren aus der C5 hoch, bis zu der Potenz, die Sie zuletzt hergestellt haben.

Das Gute am Verreiben Ihres Super-Placebos ist sicher, dass Sie sich insgesamt vier Stunden Zeit für „sich selbst" nehmen. Bei der ersten

Verreibung hatte ich keine besonderen Reaktionen gespürt – außer ein wenig Frust, weil sich die Haare nicht zerbröseln lassen. Es kamen Bedenken auf, ob wirklich eine „Wirkung" von ihnen ausgehen wird. Bei der C2 wurde ich sehr müde und war etwas „benebelt". Die Nacht schlief ich hervorragend. Den Rest aus dieser Verreibung habe ich nicht weggeworfen, sondern aufgehoben – als Schlafmittel für Notfälle. Ich habe es allerdings noch nicht wieder verwendet. Bei der C3 hatte ich das Gefühl, das „Thema" wäre meine genetische Prädisposition. Ich musste viel an meinen verstorbenen Vater denken und ich sah auf einmal sehr schlecht in die Ferne. Die vierte Verreibung fand ich am unangenehmsten. Während der ersten halben Stunde spielte in mir die alte Schallplatte das Lied von „es wird wieder nix". Das hörte bei der restlichen halben Stunde auf, denn da bekam ich wieder Ohrenstechen, wie bei dem ersten Mal, als ich das Haarwasser nach der „Kerzenmethode" eingenommen hatte. Sie gingen aber noch während ich die C5 herstellte weg. Seitdem nehme ich täglich mindestens einmal meinen Super Placebo.

Falls Sie keinen Alkohol mögen oder das Super-Placebo für Ihre Tiere ohne Alkohol herstellen möchten, können Sie ihn nach der Kerzenmethode auch immer wieder neu herstellen. Oder Sie verdünnen ihn entsprechend mit sehr viel Wasser. Der Alkohol dient dazu, das Wasser haltbar zu machen. Wenn man einen Tropfen auf einen Liter Wasser gibt, denke ich, dass man den Alkohol nicht mehr herausschmeckt. Rühren Sie mit einem Holzlöffel das Wasser etwas um, damit die „Information" des Placebos verteilt wird.

Ich habe auch die Haare meiner Mutter verrieben. Ich hatte schon ein paar Bedenken, ob mir dabei nicht ihre Themen durch den Kopf spuken würden. Aber während der ganzen Prozedur kam nichts hoch. Mein Selbst meinte während eines Channelings dazu, dass eine Welle nicht alle Frequenzen umfassen würde. Über diese

Antwort dachte ich etwas nach: Die Locken meiner Mutter sind natürlich anders als meine, von wegen Wellen und so. Dann dachte ich mir, dass ich mich der Verreibungsprozedur wirklich „aus Liebe" unterzogen habe. Meine Gedanken kreisten darum, dass ich mir sehr wünsche, dass es meiner Mutter gut gehen möge. Ich hatte also auf einen gewissen „Kanal" geschaltet, auf dem ich andere Frequenzen oder „Signale" nicht empfangen habe. Meine Mutter nimmt übrigens ihren Super Placebo schön brav ein. Wenn man sie über die Wirkung befragte, würde sie sagen, dass es nicht schaden würde … So wie einige andere, die das Super-Placebo eingenommen haben. Ich habe einen Bekannten das Rezept für die Kerzenmethode gegeben. Auch seine Frau hat sich das Haarwasser danach hergestellt und kann lauf Auskunft ihres Ehemannes nicht mehr ohne ihr „Haarwasser" sein. Sie wollten auch die Verreibung irgendwann mal versuchen. Den Milchzucker haben sie sich schon mal gekauft …

Offene Fragen?

Sicherlich denken Sie sich, was das ganze Geschwafel über den Super-Placebo soll, wenn offensichtlich keiner bisher eine deutliche Veränderung gespürt hat – außer dem Schwindelgefühl nach der ersten Einnahme. Mein Selbst sagte zu diesem Thema, ich sollte mein Haarmittel nicht vergewaltigen. Diese Aussage verstand ich natürlich überhaupt nicht. In dem weiteren Gespräch erklärte mir mein Selbst, dass es meine „Energie" enthalten würde. Wenn ich erwarten würde, dass es mich mental beeinflusst, wäre es, als ob ich mich selbst manipulieren – vergewaltigen – würde. Es könne nur unterstützen – an mir arbeiten müsste ich selbst. Ich verstehe daher auch, warum manche nach einiger Zeit das Gefühl hatten, es würde nichts mehr bringen. Es hilft nur insoweit, als man selbst bereit ist, nächste Schritte in der eigenen persönlichen Entwicklung zu gehen. Ich möchte Ihnen den Placebo-Effekt des Haarmittels anhand einer „Therapie" erklären, die mir ein Medizin-Professor vorgeschlagen hat. Ich habe als Kind ganz stark mit den Zähnen geknirscht und auch ständig die Zähne zusammengebissen. Ich litt daher unter Kopfschmerzen aufgrund der verkrampften Gesichtsmuskeln. Er riet mir überall im Haus Zettel aufzuhängen, auf denen ein roter Kreis aufgemalt war. Auch im Klassenzimmer der Schule durfte ich so einen Zettel platzieren. Wenn mein Blick auf so einen Kreis fiel, sollte ich kontrollieren, ob ich wieder die Zähne zusammenbeißen würde. Er zeigte mir auch ein paar Lockerungsübungen, die ich dann sofort machen sollte. Nach einer gewissen Zeit fielen mir diese Zettel allerdings gar nicht mehr auf. Die Zähne habe ich allerdings auch nicht mehr zusammengebissen.

Jedes Mal, wenn ich meinen Super Placebo einnehme, ist es für mich, als ob ich auf so einen Zettel mit einem roten Kreis blicken würde. Ich besinne mich wieder auf mich selbst, ich komme wieder zu mir (selbst). Wenn ich Angst habe oder wütend bin, merke ich nach der Einnahme, dass das Gefühl mich nicht übermannt hat. Ich werde wieder ruhiger. Meine depressiven Stimmungen werden weniger. Ich verwende meinen Super Placebo nicht mit der Absicht, dass die Angst „weg" geht oder damit ich „glücklich" bin, da es gar nicht möglich ist, dass etwas „verschwindet" oder endlich „kommt". Wir sind alles, auch jedes Gefühl ist in uns. Es geht für mich darum, ein „Programm" oder „Muster" zu benützen oder nicht. Dabei hilft mir mein Placebo: zu erkennen, welches Programm in mir wieder mal abläuft und dass ich entscheiden kann, ob ich es nun benutzen will oder nicht.

Meine Selbst-Channelings haben mir geholfen, zu verstehen, was so alles in und um mich herum abläuft. Mein Super Placebo unterstützt mich sozusagen bei der emotionalen und körperlichen Be- und Verarbeitung. Es hilft mir, mein „wahres Selbst" zu aktivieren. Wahrscheinlich könnte man statt so ein Gebräu aus Haaren zu trinken, einfach ein Kräuterbonbon lutschen. Ich mag aber keine Bonbons und ich glaube daher nicht, dass sie mir auf den Weg zu meiner „Erleuchtung" helfen. Ich nehme meinen Super Placebo schon über ein Jahr. Ich kann bisher weder über Wasser laufen noch Wasser in Wein verwandeln. Ich habe aber gelernt, wie „lieben" und „dankbar sein" gehen.

Eine langjährige Freundin hat mir vor Kurzem gesagt, mein erstes Buch würde keine Lösungen für die Menschen enthalten. Ich würde zu viele Fragen ohne konkrete Antworten offen lassen. Ich muss ihr Recht geben. Aber wie kann ich alle Ihre Fragen beantworten? Sie liegen in Ihnen selbst. Ich habe versucht, Ihnen ein Werkzeug in die Hand zu geben, das Ihnen bei Ihrer Reise durch Ihr Leben und zu sich selbst helfen kann. Das habe ich auch mit diesem Buch versucht. Die Lösungen findet man nicht im „Außen", sondern im eigenen Inneren. Ich als „Außenstehende" kann Ihnen daher nur Anregungen oder Denkanstöße geben.

Glauben Sie mir, ich hätte zu gerne ein „Wundermittel" gefunden. Man nimmt es und schwupp ist alles heile, heile Segen. Wenn man glaubt, dass alles immer jetzt ist, dass die Vergangenheit und die Zukunft eigentlich gar nicht existieren und selbst die Gegenwart nur die göttliche Selbst-Erkenntnis – ein dynamischer Zustand – ist, dann, ja was dann …? Genießt man alles besser? Nimmt man alles gelassener? Man verändert die Welt? Ich lasse wieder sehr viele Fragen offen, denn ich möchte vorerst nur einmal daran glauben. Dieser Wille hat mich allerdings so weit gebracht, dass ich mich besser fühle. Das ist ja schon mal was.

Und das wünsche ich Ihnen auch von ganzem Herzen!

Ihre Monika

Literaturverzeichnis

Epiktet (ca. 50 n. Chr. – c. 140 n. Chr., zitiert nach Gebhard, U. Kind und Natur. Die Bedeutung der Natur für die psychische Entwicklung. Wiesbaden, VS Verlag ,2009

http://armin-risi.ch/Artikel/Wissenschaft/Mysterioese_Materie-Die_Entdeckung_der_Quantenphysik.html. 10.06.2015

http://bibeltext.com/matthew/5; 44-45.htm. 10.06.2015

http://de.wikipedia.org/wiki/Energieerhaltungssatz.10.06.2015

http://de.wikipedia.org/wiki/Glauben.10.06.2015

http://de.wikipedia.org/wiki/Hundertster_Affe.10.06.2015

http://de.wikipedia.org/wiki/Magie.10.06.2015

http://de.wikipedia.org/wiki/Manipulation.10.06.2015

http://de.wikipedia.org/wiki/Nachbild.10.06.2015

http://de.wikipedia.org/wiki/Polarit%C3%A4t_%28Chemie%29. 10.06.2015

http://de.wikipedia.org/wiki/Problem. 10.06.2015

http://de.wikipedia.org/wiki/Strahlung.10.06.2015

http://nlpportal.org/nlpedia/wiki/Glaubenssatz.10.06.2015

http://secret-wiki.de/wiki/Gehirnwellen.10.06.2015

http://www.angst-panik-hilfe.de/koerperreaktionen-angst.html.10.06.2015

http://www.idn.uni-bremen.de/cvpmm/content/wellen/ show.php?modul=3&file=67.10.06.2015

http://www.sein.de/geist/weisheit/2010/die-weisheit-der-zellen--interview-mit-bruce-lipton.html.10.06.2015

http://www.sueddeutsche.de/wissen/teil-homoeopathie-heilung-nach-dem-aehnlichkeitsprinzip-1.923310. 10.06.2015

https://de.answers.yahoo.com/question/index?qid=20060924061008AAzvv Xm. 10.06.2015

Kröninger,Monika: *Anleitung zum Selbst Channeling – Alle Antworten sind in Dir; RiWei-Verlag GmbH, 2013, S. 56*

Masaru Emoto: *Die Botschaft des Wassers: Sensationelle Bilder von gefrorenen Wasserkristallen, Koha-Verlag 2010*

Monika Kröninger

Anleitung zum
Selbst Channeling

Alle Antworten sind in Dir

112 Seiten, Softcover

ISBN 978-3-89758-359-7

Bestellnummer: SA-359

Preis: € 14,40

Was ist das Leben? Wie läuft es? Warum läuft es nicht so wie ich will? Was will ich eigentlich?

Diese und andere Fragen werden in dem Buch „Anleitung zum Selbst Channeling" - wie der Titel schon verrät - durch Channeling beantwortet. Gechannelt wird hier nicht mit einem Medium außerhalb von uns, sondern durch das Selbst. Dies funktioniert, da alle Antworten in uns bereit liegen. Man muss nur mit sich ins Gespräch kommen.

Wie das geht? Das zeigt uns die Autorin auf unterhaltsame und witzige Weise, indem sie uns mit einem Augenzwinkern auf ihren esoterischen Pfaden wandeln lässt und dabei ganz ernsthaft sich selbst und dem Sinn des Lebens ein Stück näher kommt. Bei ihrem amüsanten Ritt durchs Leben, lernen wir ganz nebenher, wie man sich im südafrikanischen Busch ohne Wasser durchschlägt oder warum Pferde und Plastiktüten wohl nie die besten Freunde werden.

RiWei.TV
Der Internet TV-Sender

Unter www.riwei.tv können Sie nun unseren neuen Internetsender aufrufen und interessante Filme über unsere Autoren und verschiedene andere Themen anschauen. Die Seite ist kostenlos. Möchten Sie Kauf-DVDs auch online ansehen, so besteht schon für viele Filme die Möglichkeit, auf diese zuzugreifen. Dazu müssen Sie sich für eine geringe Jahresgebühr in Höhe von € 19,80 anmelden. Aber besuchen Sie erst mal den kostenlosen Bereich, Sie werden erstaunt sein.

www.riwei.tv